Hansjörg Falz, MERIAN-Chefredakteur

Liebe Leserin, lieber Leser,

lange schon haben wir darüber nachgedacht, dem Reisen mit dem Zug ein gesamtes Heft zu widmen. Dabei spielt keine Rolle, dass die Redaktion mittlerweile bei neun von zehn Dienstreisen mit der Deutschen Bahn unterwegs ist, Flug und Pkw sind allenfalls noch Notlösungen oder unvermeidbar, wenn keine andere praktikable Anreisemöglichkeit existiert. Doch um den Transport von A nach B geht es in diesem MERIAN sowieso nicht, sondern um den Weg im Zug als Ziel, um das Zugreisen in seiner schönsten, erlebnisreichsten Form. Ein Hauch von Nostalgie und Bahnromantik schwingt bei diesen Reisen mit und ja, wir schwelgen auch im Luxus, wenn wir Ihnen von unseren Fahrten im »Royal Scotsman« und »Al-Andalus« oder durch Namibia und Südafrika berichten. Da das Reisen in Nachtzügen gerade eine Renaissance erlebt, buchten eine Autorin und eine Fotografin die Passage von Zürich nach Zagreb und zurück nach München. Auf Schienen, das ist der Unterschied zu Pkw und Co, erfährt man die Landschaft, bekommt augenblicklich ein Gefühl für sie, wenn man wie im Cinemascope (Panoramafenster!) durch sie hindurchsieht. Je höher der Komfort, desto besser die Versorgungslage: Man kann unterwegs auch in vollen Zügen genießen, Spitzenküche inklusive. Und hatte ich es schon erwähnt: Umweltfreundlicher sind Bahnreisen ebenfalls. Kollege Burkhard Maria Zimmermann, der dieses Heft produziert hat, geht jetzt in den wohlverdienten Urlaub. Er wird mit einem Interrail-Pass reisen …

Herzlich Ihr

Schon 1951 erschien ein MERIAN-Heft zum Bahnreisen: »Verzaubertes Kursbuch«

FOTO: VOLKER RENNER

UND, SCHMECKT'S?
Na klar: Erstklassige Küche gehört im Royal Scotsman einfach dazu

Inhalt

FAMILIENABTEIL Für Zar Nikolaus II. war die Entwicklung der Transsibirischen Eisenbahn ein wichtiges Projekt

Auf unserem Titel dampft der Jacobite Steam Train duchs Grüne, berühmt als Hogwarts Express in den Harry-Potter-Filmen (ab Seite 14)

Top 10

Den »Glaspalast der Republik« kennen Sie: Es ist der Lehrter Bahnhof, auch Berliner Hauptbahnhof genannt. MERIAN-Chefredakteur **Hansjörg Falz** stellt Haltestellen vor, die allein schon eine Reise wert sind

1 GRAND CENTRAL TERMINAL, NEW YORK CITY, USA

Die Zahl der Menschen, die täglich die große Halle des Hauptgebäudes Ecke 42nd Street und Park Avenue betreten, entspricht der kompletten Einwohnerzahl von Frankfurt am Main: etwa 750 000. Nicht weniger beeindruckend ist die Anzahl der Bahnsteige (44) und Gleise (67), die ausschließlich dem Nah- und Regionalverkehr dienen, denn der »Hauptbahnhof« für Fernverkehr aus und nach Manhattan ist die Penn Station. Kein Zug fährt durchs Grand Central Terminal, er ist ein Endbahnhof mit goldenen Kronleuchtern, Gourmettempel (»Oyster Bar«), eigenem Tennisplatz und einem Himmel voller Sterne und Sternzeichen. Diese Darstellung in der Halle ist kurioserweise seitenverkehrt gemalt worden, was Eisenbahn-Tycoon Cornelius Vanderbilt gekonnt new-yorkerisch kommentiert haben soll: »So sieht der Himmel eben aus, wenn Gott auf die Erde schaut«.

2 PINHÃO, DOUROTAL, PORTUGAL

Von riesig groß zu winzig klein: der Bahnhof von Pinhão im Dourotal ist an allen Wänden, innen und außen, mit handbemalten Fliesen (Azulejos) geschmückt, die die wunderbare Landschaft zeigen und den in der Region so wichtigen Weinanbau beschreiben. Von der Lese per Hand über den Transport der Trauben in der Kiepe auf dem Rücken bis zum Stampfen der Trauben mit den Füßen. Lohnt sich der Abstecher dorthin? Ich hab ihn nicht bereut.

3 ATOCHA, MADRID, SPANIEN

Weiter in willkürlicher Reihenfolge: Außergewöhnlich ist der alte Teil des Bahnhofs der spanischen Hauptstadt. Unter dem Dach des Empfangsgebäudes wurde ein üppiger botanischer Garten angelegt, was geschah, weil nach den 2004 verübten Attentaten auf die Fahrgäste ein neuer Bahnhof entstehen musste. Rafael Moneo, Architekt des »neuen Atocha«: »Man muss vor allem den Ort verstehen und den Anspruch, den er an die Architektur stellt. Dann geht es darum zu schauen, welche Antwort die Architektur auf die Probleme vor Ort geben kann«. Seine Antwort: Die Fern- und Hochgeschwindigkeitszüge laufen oberirdisch ein, die Regionalzüge und S-Bahnen schließen sich unterirdisch an. Im neuen Bau treten Glas und Stahl mit dem Glas und dem Gusseisen des alten Jugendstilbaus in den Dialog. Auffällig auch: Die Sicherheitskontrollen für den Zugang zum Terminal sind vergleichbar mit Kontrollen an Flughäfen. Ganz sicher eine bis heute geltende Reaktion auf die zehn Bombenexplosionen durch islamistische Terroristen, bei denen 193 Menschen starben und 2051 verletzt wurden.

4 LIÈGE-GUILLEMINS, BELGIEN

Bleiben wir in Europa: Santiago Calatrava ist für außergewöhnliche Architektur bekannt. Der Bahnhof Liège-Guillemins gehört zu seinen Meisterstücken, er besteht aus Stahl, Glas und weißem Beton und beeindruckt durch seinen monumentalen Baldachin. 200 Meter lang, 35 Meter hoch. Erinnert mich an eine Halfpipe, andere an eine Schanze. Und alle schwärmen einvernehmlich davon, dass innen und außen ineinander übergehen. Belgien hat übrigens auch noch eine richtige »Eisenbahnkathedrale«: Antwerpen-Centraal ist für alle, die es altmodisch, pompös und verspielt mögen, ein sehenswerter Anblick.

5 HUNGERBURGBAHN STATION, INNSBRUCK, ÖSTERREICH

Es muss nicht immer die Eisenbahn sein, wenn hier die Rede von einem Bahnhof ist. Nur 1800 Meter lang ist die Fahrt mit der Hungerburgbahn in Innsbruck. 2007 wurde vollendet, was die Architektin Zaha Hadid als Bergstation für diese Standseilbahn zeichnen ließ. Es dauerte nicht lange, dann wurde der Bau zum Wahrzeichen der Stadt. Mit der neuen Station ist die alte Verbindung von 1906 in die Neuzeit gebeamt worden: Von der Innenstadt geht es rauf nach Hoch-Innsbruck. Ein lohnenswerter, kleiner Ausflug in einer im Übrigen echt unterschätzten Stadt.

1 Altehrwürdig Grand Central Terminal in Midtown Manhattan, New York City
2 Imperial Chhatrapati Shivaji Maharaj Terminus in Mumbai, Indien, gebaut zu Queen Victorias Zeiten im British Empire
3 Stylisch Hungerburgbahn Station in Hoch-Innsbruck, Österreich, von Zaha Hadid

FOTOS: VOLKER RENNER, STEFFEN THALEMANN, SHOULTS/ALAMY, PETER FORSBERG/ALAMY

6 FLINDERS STREET RAILWAY STATION, MELBOURNE, AUSTRALIEN

Bei meinem ersten (und bisher leider einzigem) Besuch in Melbourne war in der ersten Nacht an Schlaf nicht zu denken. Also bin ich raus auf die Straße, um zu Fuß in eine Richtung zu gehen, die ich für die Stadtmitte hielt, entlang einer Grünanlage, aus der für meine Ohren komplett fremde Tiergeräusche drangen … und plötzlich stand ich vor der Flinders Station. Ein rotgelber Backsteinbau mit mächtiger Kuppel über dem Eingangsportal, ein echter Fremdkörper in Downtown und an diesem Platz. Inzwischen weiß ich: Der Entwurf war ursprünglich für den Victoria-Bahnhof in Mumbai, Indien (siehe Punkt 8), gedacht. Und so sieht er auch aus. Nun steht er seit 1910 in Melbourne, Victoria, überdauert jeden Abrissantrag und erfreut mit seinem Historismus-Charme ganz sicher etliche der 65 000 Pendler, die täglich mit etwa 1500 Zügen eintreffen, um dann mit einer der vor dem Gebäude vorbeifahrenden Straßenbahnen zum Arbeitsplatz zu fahren. Oder nach der Arbeit wieder nach Hause. Ein Tipp: Gleich gegenüber befindet sich der Federation Square, wo man sich zum Public Viewing trifft, beziehungsweise immer dann, wenn es etwas zu feiern gibt – und im Feiern sind Australier echt Weltklasse.

7 ESTAÇÃO DA LUZ, SÃO PAULO, BRASILIEN

Wenn die Flinders Street Railway Station zu den Überlebenskünstlern zählt, ist die Estação da Luz wohl ein Pechvogel. Schon zweimal ist der Bahnhof im Stadtteil Luz in der Metropole São Paulo abgebrannt. 1901 eingeweiht, 1946 in Schutt und Asche. Erst in den 1990ern wurde er dann wieder aufgebaut. 2015 brannte Estação da Luz erneut aus. Zur Verkehrsdrehscheibe war der Bahnhof durch den blühenden Kaffeehandel geworden. Aus Santos waren die Bohnen in Säcken herbeigekarrt worden. Weitere Besonderheit: Entworfen und gebaut wurde der Bahnhof in Glasgow, Schottland – und dort wurde er dann gleich wieder auseinandergenommen und in Einzelteilen, die vor Ort erneut zusammengesetzt worden sind, nach Brasilien verschifft. Eigentlich sollte das Gebäude auch nicht als Bahnhof, sondern als Hauptquartier der damals neu gegründeten São Paulo Railway dienen – vermutlich ist der Palast deswegen auch so hoch und so prächtig geraten. Für Dekaden war es das imposanteste Gebäude der Stadt.

1 Eindrucksvoll Estação da Luz in São Paulo, Brasilien, konstruiert als Zentrale für die lokale Eisenbahngesellschaft
2 Futuristisch Napoli Afragola, Italien. Haltestelle für Hochgeschwindigkeitszüge auf den Routen von Turin nach Salerno sowie Venedig und Reggio Calabria

8 CHHATRAPATI SHIVAJI MAHARAJ TERMINUS, MUMBAI, INDIEN

Alle naselang werden Flughäfen nach Persönlichkeiten benannt. Hier nun ein Bahnhof – und was für ein besonderes Juwel im viktorianisch-neogotischen Stil, das noch dazu zum Welterbe der UNESCO zählt. Chhatrapati Shivaji Bhonsale war im 17. Jahrhundert der charismatischste Anführer der in Zentral- und Nordindien lebenden Marathen. Chhatrapati Shivaji Terminus sagt in Mumbai jedoch kein Mensch. »CST« ist mit täglich rund 1000 Zügen einer der meist frequentierten Bahnhöfe der Welt. Ursprünglich hieß das Gebäude Victoria Terminus nach der britischen Königin, stammt es doch von 1888. Aber daran mögen Inder nicht gern erinnert werden.

9 KANAZAWA STATION, PRÄFEKTUR ISHIKAWA, JAPAN

Mehr über den »Bullet Train«, der Tokio und Kanazawa verbindet (473 Kilometer in weniger als dreieinhalb Stunden) lesen Sie auf Seite 78. Die Zeit, die man gefühlt gewonnen hat, sollte man am Eingang des Bahnhofs verstreichen lassen, um ihn gebührend zu würdigen. Zum einen ist auf das mehr als 1000 Jahre alte Gebäude 2005 ein »Dom« aus Glas und Stahl gestülpt worden. Diese Kuppel und das Design des Shinkansen lassen sich mit demselben Wort beschreiben: futuristisch. Zum anderen haben die Konstrukteure am neueren Osteingang ein Holztor platziert, das Tsuzumi-mon. »Tsuzumis« sind Handtrommeln. Das Tor erinnert bei flüchtiger Betrachtung tatsächlich vage an das Unterteil einer Trommel. Noch viel mehr allerdings an einen gigantischen hölzernen Beistelltisch, eine Beschreibung, die sehr zutreffend ist, aber nicht sonderlich charmant klingt. Aber so ist das nun mal manchmal mit (Sprach-)Bildern.

10 NAPOLI AFRAGOLA, ITALIEN

Wer liebt Italien nicht … allerdings käme wohl niemand auf die Idee, an dieser Stelle » … wegen der tollen Bahnhöfe« einzusetzen, wenngleich Santa Lucia in Venedig, Milano Centrale und Torino Porta Nuova wirklich schön anzuschauen sind als Glanzlichter des Industriezeitalters in einer sicherlich unvollständigen Liste. Aber: Es gibt halt so viel noch so viel Schöneres in Italien! Dennoch darf in dieser Liste ein Highlight für »Pufferküsser«, wie eingefleischte Eisenbahner etwas despektierlich genannt werden, nicht fehlen: Napoli Afragola (was in meinen Ohren wie Eiscreme klingt). Wer die Luftaufnahme dieses hypermodernen Südbahnhofs der Stadt sieht, wird eher an einen Flughafen denn an einen Eisenbahn-Knotenpunkt denken. Der Bahnhof Napoli Afragola ist das letzte Großprojekt von Zaha Hadid gewesen. 2017 wurde er fertiggestellt, da war die irakisch-britische Architektin bereits in Miami überraschend gestorben. An einem Herzinfarkt. Hoffentlich gilt für den Bahnhof, was sie für jedes ihrer Projekte vorhatte: Aufgabe der Architektur sei es, so Zaha Hadid, zum gesellschaftlichen Fortschritt und Wohlbefinden des Menschen beizutragen. Und zur Ökobilanz in diesem Fall.

FOTOS: KAROL KOZLOWSKI/PREMIUM RM COLLECTION/ALAMY, HUFTON+CROW

Ihr perfekter Reise-Begleiter

Sichern Sie sich jetzt Ihre stilvollen und hochwertigen Reisebegleiter der MERIAN EDITION, made by STRATIC, dem innovativen Traditionsunternehmen aus Hannover.

Direkt bestellen

merian.de/koffer

MERIAN EDITION
MIT KOSTENLOSEM DIGITALEN MERIAN-ABO (12 MONATE)

- Qualitätsgepäck „engineered in Germany"
- Robuste und langlebige Qualität
- Inklusive 5 Jahres-Garantie
- Smarte NFC-Technologie mit „Lost and Found"-Funktion, Packberater und Packlisten – steuerbar per Web-App
- In drei Größen mit 32-108 l Volumen erhältlich

WAHLBEKANNTSCHAFTEN

Junge, komm bald wieder!

Da schicken wir unseren Redakteur Kalle Harberg nach Schottland, um für uns mit dem berühmten Royal Scotsman zu fahren – und dort ist dann ein Paar aus Wisconsin so entzückt von ihm, dass sie ihn adoptieren wollen (S. 52). Verdammt, jetzt hat er bei den nächsten Gehaltsverhandlungen einen Trumpf im Ärmel …

WIR, ROYAL

Der Luxuszug Al-Andalus wurde einst für die Königsfamilie Großbritanniens gebaut – Fotografin **Isabela Pacini** (l.) und Autorin **Friederike Schön** konnten auf ihrer Reise durch Spaniens Süden förmlich spüren, wie britisches Understatement aus jeder feinen Fuge der opulenten Holzvertäfelung strömt (S. 86). Auch das Bordpersonal wird ihnen in Erinnerung bleiben.

MEIN FREUND, DER BAUM

Wir dürfen vorstellen: **Alessio Costantini** mit seiner Freundin **Annalena Vierkant** (links) und einem Dead Tree, den sie auf einer Reise durch Namibia und Südafrika kennengelernt haben. Die Reise hat sich Alessio als Gewinn des Fotowettbewerbs von MERIAN und CEWE wirklich verdient – noch mehr großartige Fotos von ihm sehen Sie ab S. 104.

GANZ OBJEKTIV BETRACHTET

Die Firma Stadler aus Berlin hat Waggons für den Rocky Mountaineer gefertigt, eine Höchstleistung an Belastbarkeit und Präzision. Warum ein deutsches Unternehmen – und wie kriegt man die Teile nach Kanada? Fotograf **Lukas Spörl** (Foto) und Autor Burkhard Maria Zimmermann haben Antworten (S. 40).

FOTOS: VOLKER RENNER, ISABELA PACINI, ALESSIO COSTANTINI, BURKHARD »DAS STATIV« ZIMMERMANN

Gullivers Gleise

Wir können nur ahnen, welche emotionale Aufladung das **Miniatur Wunderland** in Hamburg für Menschen haben muss, die Züge wirklich lieben: Die winzigen Details! Die vertrauten Landschaften! Es folgt der Versuch einer Annäherung

IM HOHEN BOGEN Ganz schön nah am Original: Der Lapa-Viadukt aus Rio de Janeiro im Miniatur Wunderland (rechts) und im Original (unten)

Etwa 1,4 Millionen Menschen schauen sich jedes Jahr in Hamburgs Miniatur Wunderland die Welt als Nachbau im Kleinstformat an, und Züge spielen dort eine wichtige Rolle: Über die Modellfläche von mehr als 1500 Quadratmeten schnurren 1120 Züge – auf einer Gleislänge von mehr als 16 Kilometer Länge! Hinzu kommen 52 Flugzeuge mit etwa 250 Flügen pro Tag, 53 Computer steuern die riesige Anlage. Dem Vernehmen nach soll Gott ja am siebten Tag geruht haben, doch für die Betreiber gibt es keine Rast: Monaco und die Provence sind schon im Bau, geplant sind Mittelamerika, die Karibik und Asien.

TIERE BEI DER ARBEIT

Die Deutsche Bahn gehört zu den größten Waldbesitzern in Deutschland und beschäftigt auf ihren Grünflächen viele Tiere: Bienen bestäuben die Pflanzen der Nachbarschaft, Wisente mümmeln die Wiesen kurz, und Artenspürhunde finden Eidechsen, Nattern und Fledermäuse, damit die Bahn vor dem Bauen Schutzmaßnahmen ergreifen kann.

gruen.deutschebahn.com

HOCHGESCHWINDIGKEITSZÜGE

2000 Kilometer

So lang ist das Schnellzugnetz, das Siemens in Ägypten bauen wird: Es soll 60 Städte miteinander verbinden, die Züge werden dann mit einer Geschwindigkeit von bis zu 230 Stundenkilometern fahren. Der Bau soll in Ägypten rund 40 000 Arbeitsplätze schaffen, das Volumen von 8,1 Milliarden machte den Auftrag zum größten in der Geschichte des 175 Jahre alten Unternehmens.

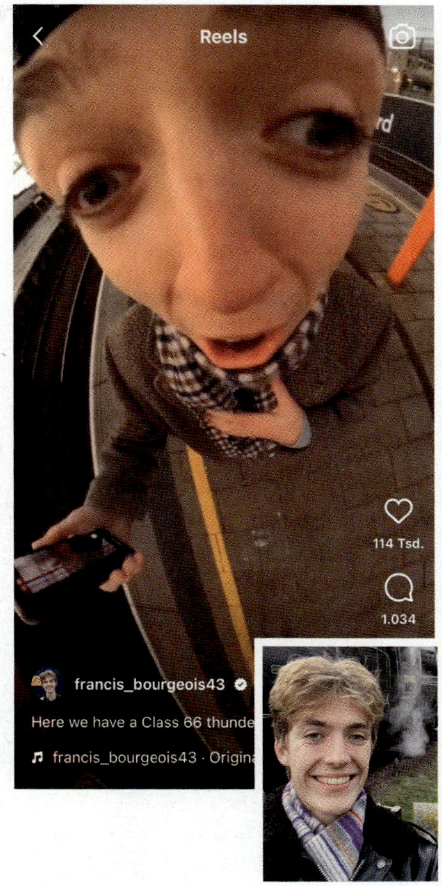

INFLUENCER

THE LOK OF LOVE

Wer wissen möchte, wie beliebt das Zugfahren bei jungen Menschen ist, der möchte vielleicht einmal den Instagram-Account von Francis Bourgeois aufsuchen: 1,7 Millionen Menschen schauen dem 22-jährigen britischen Zugfan dort zu, wenn er niedliche Bahnhöfe vorstellt, im orangenen Overall dröhnende Lokomotiven inspiziert oder seinen Lieblingszügen hinterherrennt. Francis kaspert gern vor der Kamera herum und verzerrt mit Filtern sein Gesicht, aber lassen Sie sich nicht täuschen: Mittlerweile ist er so gefragt, dass er schon für Gucci gemodelt hat.

Instagram @francis_bourgeois43

FOTOS: MINIATUR WUNDERLAND HAMBURG, LEONARDO MARTINS/GETTY IMAGES, GUY/ADOBE STOCK, PA IMAGES/ALAMY

1] HARRY POTTER, 2001-2011

3] TRAINSPOTTING, 1996

4] BULLET TRAIN, 2022

2] THE COMMUTER, 2018

5] MORD IM ORIENT EXPRESS, 2017

FOTOS: UNITED ARCHIVES GMBH/ALAMY, SCOTT GARFIELD/SONY PICTURES ENTERTAINMENT, JAY MAIDMENT/STUDIOCANAL GMBH, MAXIMUM FILM/ALAMY, PICTURELUX/THE HOLLYWOOD ARCHIVE/ALAMY

FILME IN ZÜGEN

... und Action!

Züge eignen sich wunderbar als Filmsetting: Wer einmal drin sitzt, bleibt dort bis zum nächsten Bahnhof, damit verdichtet sich die Handlung fast von selbst. In **Harry Potter und der Orden des Phoenix (1)** scheint Potter (Daniel Radcliffe) zu begreifen, dass der Hogwarts Express ihn nicht nur zur Schule, sondern auch zu immer neuen Problemen bringt – der nostalgische Zug existiert wirklich und dampft als Jacobite Steam Train durch die filmreife Kulisse der schottischen Highlands (Tickets unter westcoast-railways.co.uk). Liam Neeson hat in **The Commuter (2)** keine Zeit für nachdenkliche Betrachtungen; eigentlich wollte er nur ab der Central Station in New York in seine langweilige Vorstadt, als ihm eine mysteriöse Fremde ein Angebot machte, das er wahrlich nicht ablehnen konnte: Er soll einen noch mysteriöseren anderen Fremden in diesem Zug für sie finden – zur Belohnung gibt's 100 000 Dollar und seine Familie wird nicht getötet, das motiviert natürlich. Weniger Action und mehr Amüsement bietet **Trainspotting (3),** eine Geschichte über junge Menschen in Edinburgh, deren Leben so langweilig ist, dass ihnen wenig Besseres einfällt, als Drogen zu nehmen und Zügen hinterherzuschauen, der Film von 1996 prägte mit seiner Erzähltechnik seine Dekade. Ewan McGregor hat zwischenzeitlich eine Umschulung zu Obi-Wan Kenobi gemacht und kloppt sich heute auf Disney Plus mit Darth Vader – damit hat Obi-Wan es noch schlechter getroffen als der Ganove Ladybug (Brad Pitt) in **Bullet Train (4),** der sich in Japans atemberaubend schnellen Shinkansen (siehe S. 78) nur mit diversen Berufskollegen herumprügelt. Viel eleganter ist das Remake von **Mord im Orient Express (5)** von 2017: In der Gediegenheit des Luxuszuges herrscht mit Judi Dench, Michelle Pfeiffer, Penélope Cruz und Johnny Depp ein Gedränge an Filmgrößen, dazwischen klärt Kenneth Branagh einen Mord auf, wie es sich für seine Rolle als Hercule Poirot geziemt (Foto).

Jetzt aber schnell!

Rocket Science *1966 versah Don Wetzel von der New York Central Railroad eine Lok des Modells M-497 mit zwei Düsen und brachte sie zwischen Indiana und Ohio auf die Geschwindigkeit von rund 296 Stundenkilometern. Der Antrieb blieb ein Experiment, aber er setzte Maßstäbe: Sie war zu ihrer Zeit die weltweit schnellste Lok mit Düsenantrieb, sie hält bis heute den Geschwindigkeitsrekord für Züge in den USA.*

DESIGN BEI DER BAHN

Das sieht doch gut aus

Bis zum 13. November in diesem Jahr zeigt das DB Museum in Nürnberg die Ausstellung »Design & Bahn« – wer sie verpasst, kann im Buch zur Ausstellung nachlesen, wie sich Ingenieurwissenschaft und Gestaltungswille in den Objekten der Deutschen Bahn vermählen: Von der Innengestaltung der Waggons seit etwa dem Jahr 1900 über die Außengestaltung von Zügen bis zu Farbkonzepten und Typografien in der Beschilderung und in den digitalen Medien der Gegenwart. 272 Seiten, 29 Euro, dbmuseum.de

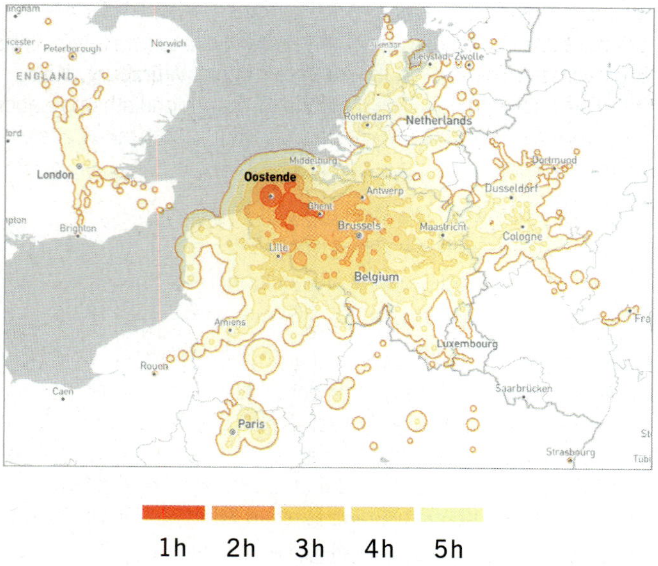

REISEPLANUNG

So weit, so schön

Die Website chronotrains.com zeigt mit einem Klick für jeden Bahnhof in Europa an, welche Ziele man von dort in fünf Stunden erreichen kann: Ein praktisches Tool für Spontanreisende oder Leute mit Interrail-Ticket. Es fehlt leider eine Suchfunktion, aber das Zoomen und die Auswahl der Bahnhöfe klappt tadellos. Entwickelt hat die Karte ein französischer Programmierer namens Benjamin Tran Dinh, weitere Projekte zeigt er auf Twitter unter @ _ benjamintd.

FOTOS: UWE NIKLAS/DB MUSEUM, UNITED ARCHIVES/TOPFOTOPAL/ACTION PRESS, CHRONOTRAINS.COM

MERIAN cewe

GROSSER FOTOWETTBEWERB
ZEIGEN SIE IHRE BESTEN BILDER

Jetzt mitmachen! Wir suchen Fotos zu: MONACO/CÔTE D'AZUR, WÜRZBURG, KÖLN

Traumreise für **10 000 €** zu gewinnen

»Die Lust am Reisen« – unter diesem Motto suchen MERIAN und CEWE die schönsten Leserfotos. Senden Sie Ihre Lieblingsbilder aus aller Welt ein! Hauptgewinn ist eine exklusive Tour im Wert von 10 000 Euro: Sie begleiten einen MERIAN-Fotografen auf seiner Recherchereise an ein besonderes Urlaubsziel. Mitmachen ist ganz einfach – und **Sie haben sogar zwei Gewinnchancen!**

In Kooperation mit CEWE, Europas führendem Fotoservice

1. CHANCE: LESERFOTO DES MONATS

Jeden Monat werden Ihre besten Fotos zum nächsten Heftthema gesucht: einfach online hochladen und mitmachen! MERIAN prämiert das beste Leserfoto und veröffentlicht es im Heft (s. S. 18). Die nächsten Themen: **Monaco/Côte d'Azur, Würzburg, Köln.** Ihre Fotos sollen einen Bezug zum jeweiligen Monatsthema haben, das Motiv darf frei gewählt werden: Ob Landschaftsbilder oder Straßenszenen – der Fantasie sind keine Grenzen gesetzt. Jeder Monatsgewinner erhält einen CEWE FOTOBUCH Gutschein im Wert von 50 Euro sowie ein MERIAN-Jahresabonnement.

2. CHANCE: FOTO DES JAHRES

Jedes hochgeladene Foto hat dazu automatisch die Chance, das Foto des Jahres zu werden. Für diesen Wettbewerb dürfen Sie auch Bilder von anderen Zielen einsenden. Alles, was zum Motto »Die Lust am Reisen« passt, ist erlaubt: Motive von besonders schönen, originellen oder amüsanten Momenten genauso wie Fotos, die im Gedächtnis bleiben. Die Auswahl trifft eine Expertenjury – und dem Sieger winkt eine exklusive Reise im Wert von 10 000 Euro.

Alle weiteren Infos: merian.de/leserfotos

Mit nur einem zusätzlichen Klick können Sie auch am CEWE-Fotowettbewerb »Our world is beautiful« teilnehmen!

FOTOS: MARKUS BASSLER, GULLIVER THEIS, GREGOR LENGLER, ISABELA PACINI

MIRJAM RADKE

Unter Sri-Lanka-Reisenden ist der Express-Zug von Kandy nach Ella aus zweierlei Gründen populär. Erstens: Er schleicht durch die Landschaft. Zweitens: Die Umgebung wird von Kilometer zu Kilometer spektakulärer. Zweimal am Tag schnauft die altersmüde Diesellok vom Stadt- ins viel höher gelegene Teegebiet. Dabei legt der Express eine Entfernung von »etwa 130 Kilometern zurück und benötigt dafür gute sechs bis acht Stunden«, sagt Mirjam Radke, die dieses Foto »in der Nähe der Ortschaft Nanu Oya« geschossen hat. »Als ich das Schild 15 km/h sah, musste ich einfach auf den Auslöser meiner Kamera drücken.« Wie immer war der Zug überfüllt, Mirjam Radke saß »direkt an der offenen Tür«. Und wie sie wissen alle, die schon mal auf der Insel waren: »Der langsame Zug stört niemanden. Das ist Mentalitätssache. Hetzen im Alltag ist man nicht gewohnt.«

»Der langsame Zug stört niemanden. Das ist Mentalitätssache. Hetzen im Alltag ist man auf Sri Lanka nicht gewohnt«

FOTOS: MIRJAM RADKE (2), KATHARINA OESTEN

DAS SAGT DIE JURY

Tanja Foley, MERIAN-Bildredaktion: »Die Außenansicht eines Zuges während der Fahrt zu fotografieren, wenn man überdies mitfährt, ist eine Herausforderung an sich. Da können die Fotografen ein Lied von singen, die an dieser Ausgabe mitgearbeitet haben. Es reicht eben nicht, sich aus dem Fenster zu hängen. Licht und Landschaft müssen stimmen, der Zug sollte eine Kurve fahren, damit er erkennbar wird. Sobald andere Personen sich aus den Türen lehnen und ein Schild vorbeihuscht, hat man als Fotograf viel gewonnen. Hier stimmt alles. Eine gekonnte Aufnahme!«

AUF GUTE VERBINDUNGEN

Die Victoria Falls Bridge ist mehr als eine Verkehrsverbindung. Die 198 Meter lange Stahlkonstruktion erzählt die Geschichte ihrer Anrainer: Sie liegt auf der Grenze zwischen Sambia und Simbabwe und überbrückt den mächtigen Sambesi. 1905 nach der imperialistischen Vision von Cecil Rhodes gebaut, fanden 1975 in einem Waggon in der Mitte der Brücke Friedensverhandlungen zwischen den Bürgerkriegsparteien des damaligen Rhodesiens statt

FOTO: PHOTOROMANO/ADOBE STOCK

GLEISE INS GLÜCK

»Mit dem Zug zu reisen, bedeutet, die Natur und Menschen zu sehen, Städte und Kirchen und Flüsse, in der Tat das Leben zu sehen.« Das schrieb Agatha Christie, die Züge gern zu Nebendarstellern in ihren Krimis machte – und hatte sie nicht recht?

TERRASSE MIT TRASSE

Das beschreibt in etwa das Wohnen in der Train Street in Hanoi: So nah wie hier kommen sich Züge und Wohnhäuser nur selten. 1902 ließ die französische Kolonialmacht die Bahngleise mitten durch das Wohnviertel der vietnamesischen Hauptstadt verlegen. Lange Zeit war die Train Street eine beliebte Touristenattraktion mit Cafés und Restaurants an der Strecke. 2019 wurde der Zugang für Touristen wegen Sicherheitsbedenken geschlossen

FOTO: GREGOR LENGLER

VSalon
Tóc
CẮT - GỘI
06
HAPPY

SERVICE BIS ZUM HORIZONT

Der Lake Hart, an dem der Zug namens Indian Pacific hier vorbeifährt, ist ein ausgetrockneter Salzsee westlich der Stadt Woomera in einer dürren Landschaft im Süden Australiens (links). Etwa 3500 Meter höher über dem Meeresspiegel serviert ein Angestellter in der Bar des Belmond Andean Explorer seinen Gästen den Kaffee: Ihr Hoheitsgebiet so komfortabel zu bereisen, hätte bestimmt auch den Herrschern des Inkareiches gefallen (rechts)

FOTOS: ANDREW GREGORY/JOURNEY BEYOND RAIL, MONICA GUMM

TOTAL VON ZINNEN

Elegant thront Schloss Stolzenfels über dem Ufer des Mittelrheintals: Das prachtvolle Gebäude in Koblenz gilt als Paradebeispiel für die Rheinromantik, die um 1900 ihren Höhepunkt erreichte. Es ist eingebettet in die Region Oberes Mittelrheintal, das wegen seiner kulturgeschichtlichen Bedeutung UNESCO-Welterbe ist. Einige der wichtigsten Sehenswürdigkeiten zwischen Köln und Mainz lassen sich bequem aus der MittelrheinBahn erleben

FOTO: SMILLA DANKERT/MITTELRHEINBAHN

Mittelrhein
Mittelrhein

EPISCHER WIRD'S NICHT

Hätte Frodo doch ein Zugticket gehabt – der Weg nach Mordor wäre viel einfacher gewesen. Das neuseeländische Bahnnetz verbindet einige der wichtigsten Orte des Landes, die Züge sind vor allem auf Touristen ausgelegt, mit komfortablen Sitzen und großen Panoramafenstern. Der TranzAlpine hat sogar einen Open-Air-Wagen, in dem Reisende die grandiose Landschaft erleben können, in der J. R. R. Tolkiens Epos »Der Herr der Ringe« verfilmt wurde

FOTO: ROBIN HEYWORTH/THE GREAT JOURNEYS OF NEW ZEALAND

FOTO: IMAGEBROKER/ALAMY

LADIES FIRST, LAST AND ONLY

So ausgelassen und entspannt zu reisen, ist für Frauen leider keine Selbstverständlichkeit. Zu ihrem Schutz sind einzelne Abteile, Waggons oder sogar ganze Züge, wie hier in einem indischen Zug, nur für Frauen reserviert. Kinder dürfen natürlich mit. In Japan, Mexiko und Ägypten gibt es ebenfalls Abteile, Züge oder Busse, die ausschließlich dem weiblichen Geschlecht vorbehalten sind. Einige nur während der Hauptverkehrszeiten, andere auch dauerhaft

ERLEBNISSE WIE SAND AM MEER

Der Venice-Simplon-Orient-Express führt die Legende vom Orient-Express fort und rattert auf verschiedenen Routen zu europäischen Metropolen wie Venedig, Paris, Rom, Wien und Budapest (links). Mit Rovos Rail hingegen fahren Reisende auf luxuriösen Schienen-Safaris durchs südliche Afrika – dabei führen die Routen unter anderem durch die sanft gewellte Landschaft der Namib, der wahrscheinlich ältesten Wüste der Erde (rechts)

FOTOS: MATT HIND/BELMOND, JOS BELTMAN/ROVOS RAIL

WUNDERSCHÖN EINGENORDET

Für spektakuläre Landschaften muss man nicht unbedingt nach Kanada oder Neuseeland reisen: Die Strecke vom Aurlandsfjord nach Myrdal mit der norwegischen Flåmbahn gilt als eine der schönsten Zugstrecken der Welt, gerahmt von riesigen Bergmassiven und reißenden Flüssen. Entsprechend beliebt ist die etwa einstündige Fahrt zur 867 Meter hohen Bergstation Myrdal – allerdings kann es in der Hauptsaison in den Zügen recht kuschelig werden …

FOTO: ØYVIND HEEN/FJORDS.COM

18 2261

In tollen Zügen **genießen**

Schriftsteller! Musiker! Dramatiker! **Jaroslav Rudiš** hat viele Leidenschaften, am liebsten jedoch wäre er Lokomotivführer geworden. In MERIAN erzählt er von seinem Eisenbahner-Onkel, seinen Neujahrsfahrten, schildert Erlebnisse an der Bahnsteigkante und verrät, warum er Streckenpläne faszinierend findet

Diese verdammte Brille, die ich tragen muss. Doch es geht nicht anders. Ohne Brille verschwindet die Welt um mich herum in dichtem Nebel. Eigentlich ist es manchmal ganz angenehm, so die Realität verschwinden zu lassen, etwas Unerwartetes zu erleben und sich in diesem Nebel ein wenig zu verstecken, doch das habe ich erst viel später gelernt. Für einen Jungen, der Lokführer werden möchte, ist eine Sehschwäche allerdings ganz schlecht. Zumindest war es damals so, Mitte der Achtziger in der ČSSR, wo ich aufwuchs. Die Tschechoslowakischen Staatsbahnen, Československé státní dráhy, kurz ČSD, wollten leider niemanden, der die Signale in der Ferne nicht richtig erkennen kann und die roten Schlusslichter eines Schnellzuges womöglich mit den Sternen am Himmel verwechselt. Niemanden wie mich.

Ich weiß nicht mehr genau, wie meine Liebe zur Eisenbahn entflammte. Aber ziemlich sicher hängt es mit meiner Familiengeschichte zusammen. Meine Eltern waren zwar nicht bei der Eisenbahn angestellt. Doch bestimmt hängt die Liebe zur Eisenbahn mit meinem Onkel Miroslav zusammen, der in Lomnice als Fahrdienstleiter ein paar Jahre auf die Züge aufpasste und den ich oft am Bahnhof besuchte. Oder vielleicht auch damit, dass sich meine Eltern im Zug kennenlernten? Mein Vater war damals Soldat, meine Mutter kurz davor, ihre Ausbildung zur Kindergärtnerin abzuschließen. Im Zug zwischen Stará Paka und Jaroměř bekam sie Bauchschmerzen, mein Vater machte sich Sorgen und brachte sie vom Bahnhof sofort ins Militärkrankenhaus in der alten Festungsstadt Josefov, einem Vorort von Jaroměř, wo er bei der Luftabwehr stationiert war. Eine böse Blinddarmentzündung. Eine lebensrettende Operation. Eine große Liebe, die bis heute anhält. Und auch eine Brille, die beide tragen und mir vererbten. Doch kann man da böse sein? Nein, kann man nicht.

Leben nach Fahrplan

Wie meine Eltern immer einen Neujahrsspaziergang machen, mache auch ich immer meine Neujahrsfahrt. Wie neulich mit dem Vindobona, dem legendären Zug, der jetzt als Railjet wieder Berlin mit Wien über Dresden und Prag verbindet. Von Wien

Das ist doch alles Schnee von gestern: Ein Railjet der österreichischen ÖBB rauscht durch eine Winterlandschaft, wie Rudiš sie von seinen Neujahrsfahrten kennt

fährt er noch weiter über die Alpen, also den Semmering, nach Graz. Doch er hält nun auch im Bahnhof Semmering und sogar in Elsterwerda oder Doberlug-Kirchhain. Ich bin mir nicht sicher, wie viele Fahrgäste tatsächlich von Brandenburg in die Steiermark oder von der Steiermark nach Brandenburg fahren, aber allein diese Möglichkeit, die im neuen Fahrplan steht, öffnet Welten. Mit dem ersten Zug auf dieser Strecke bin auch ich von Prag nach Berlin gefahren. In Dresden war deutlich zu sehen, wie sehr sich die vielen Leute auf dem Bahnsteig freuten, dass die sächsische Landeshauptstadt jetzt wieder eine direkte Verbindung nach Wien hat.

Die ersten Fahrpläne entstanden unmittelbar nach Gründung der Eisenbahngesellschaften. Mehrmals im Jahr erschienen die Kursbücher. In Tschechien, Österreich, Ungarn oder der Slowakei kann man sich Kursbücher immer noch in gedruckter Form kaufen. Manchmal erscheinen sie inoffiziell, fast wie früher in den Ostblockstaaten die nicht staatskonforme Literatur im selbstverlegerischen Samisdat, aber sie erscheinen. In Deutschland gibt es gedruckte Kursbücher schon lange nicht mehr. Sie sind ins Internet gewandert. Schade eigentlich. Wie auch in manch anderem größeren Land war das Kursbuch in Deutschland ein Fortsetzungsroman mit mehreren Teilen. Oder ein verdammt dicker Wälzer, für den man fast einen Extrakoffer brauchte. So zum Beispiel das Kursbuch von 1991/92, einer meiner Lieblingsromane, in dem sich die Deutsche Reichsbahn aus der DDR und die Deutsche Bundesbahn aus der Bundesrepublik zum ersten Mal in einem Buch vereinen.

Was es damals nicht alles gab: zum Beispiel einen direkten Zug von Berlin über Leipzig nach Karlsbad. Selbstverständlich mit Speisewagen. Direkte Verbindungen von München nach Paris, Belgrad, Istanbul oder Thessaloniki und Athen. Einen Nachtzug mit dem feurigen Namen »Csárdás« von Budapest über Prag, Dresden und Berlin nach Malmö; von Sassnitz nach Trelleborg ging es damals mit der Fähre über die Ostsee. Nachtzüge von Berlin nach Bukarest und Sofia. Von Leipzig nach Krakau. Von Kopenhagen nach Aachen. Von Moskau und Kiew nach Berlin. Und natürlich die endlosen innerdeutschen D-Züge.

Wirtshaus auf Schienen

Die Speisewagen sind meine Lieblingswagen. Wenn der Zug einen Speisewagen führt, freut man sich viel mehr auf die Reise und man kann auf einen Fahrschein der ersten Klasse verzichten. Oder auf die Reservierung. Viel besser ist es, gleich nach dem Speisewagen zu fragen, direkt dort Platz zu nehmen, sich die Speisekarte bringen zu lassen und für das gesparte Geld ein wenig das Leben zu genießen. Und Europa zu erkunden. Die Speisewagen stehen für die Vielfalt auf Schienen in Mitteleuropa. Im Speisewagen kann man Speisen und Reisen ausgezeichnet miteinander verbinden.

In keiner Hauptstadt Mitteleuropas ist die kulinarische Vielfalt so groß wie in Wien, und das spürt man im Speisewagen. Hinzu kommen die vielen Sprachen, die diese Region so einzigartig machen und die man im Zug trainieren kann. Nicht nur aus dieser Sicht ist Wien die wahre Eisenbahnmetropole Mitteleuropas, gelegen zwischen Ost und West, Nord und Süd. Doch auch in Berlin kann man sich glücklich schätzen. Im Zug lässt sich hier deutsch, polnisch und ungarisch essen. Oder tschechisch. Gerne besuche ich das Bordrestaurant eines ICE und freue mich über die wechselnden Saisonangebote. Oder einen deutschen Bistrowagen im IC nach Amsterdam, wo man stundenlang sitzen und bei einer Flasche Bier und zwei Buletten mit Kartoffelsalat mit Blick auf die wohltuend monotone Landschaft meditieren kann. Auf die Fahrt im ÖBB-Wirtshaus von München nach Bologna freue ich mich auch immer, wo ich daran denken muss, was mir eine Freundin erzählte, die diese Strecke nach Italien oft nimmt: »Ab dem Brenner werden der Kaffee und vor allem der Wein immer besser. Es sind zwar immer der gleiche Kaffee und der gleiche Wein wie schon vorher in Innsbruck, doch dann kommt der Brenner und danach Bozen und Trient und Verona, und alles schmeckt von Bahnhof zu Bahnhof einfach viel besser als vorher. Und wenn du dann in Bologna aussteigst, fühlst du dich so gut und so glücklich. So wie immer in Italien.« Sie nennt die Verwandlung des Weins »Das Wunder vom Brenner«.

Dieses magische Erlebnis war mir noch nicht vergönnt. Vielleicht hängt es auch damit zusammen, dass ich eher Bier statt Wein trinke. Und die Bierqualität bleibt auf dieser Strecke stabil.

Die Eisenbahnkarte von Europa

Eigentlich wollte ich in Faenza nur schnell den Bahnsteig wechseln und zurück nach Bologna fahren. Ich war müde. Ich hatte eine herrliche, lange Eisenbahnrunde gedreht, so wie ich sie immer gerne drehe. Ich war von Bologna nach Prato und Florenz gereist, dann auf der wunderschönen Bahnstrecke zurück über die Berge hierher nach Faenza. Über den Apennin. Und durch die Toskana. Doch dann entschied ich, erst den nächsten Zug zu nehmen.

Ich dachte mir, ich schaue mir den Bahnhof an, der im Krieg zerstört, aber gleich danach wiederaufgebaut wurde. Ein flacher, moderner Bau. Drinnen war es angenehm kühl. Ich dachte mir, vielleicht gehe ich in die Stadt und esse etwas. Doch schon vor dem Bahnhof blieb ich stehen. Gleich am Eingang hing an der Wand eine große Eisenbahnkarte von Europa. Diese Karte ließ mich nicht los. Ich weiß nicht, wie lange ich vor dieser Karte stand. Eine Stunde. Zwei? Oder sogar drei? In meinen Gedanken bin ich auch jetzt noch dort. Es ist ein heißer Nachmittag. Ich bin in Faenza in Italien und schaue mir diese eindrückliche Eisenbahnkarte von Europa an. Und denke daran, wie oft ich irgendwo aussteigen wollte und doch weitergefahren bin. Es gibt so viele Orte. So viele Bahnhöfe. So viele Möglichkeiten. Ich schaue mir die Strecken und Orte an, wo ich schon mal mit dem Zug unterwegs war. Nicht alle Strecken kann man auf dieser Karte finden. Man sieht eigentlich nur die Hauptlinien, doch die anderen Strecken, auch die kleinsten Nebenbahnen, sehe ich trotzdem. Die Haupt- und Großstädte wirken auf der Karte wie kleine strahlende Sonnen mit einem dichten Netz um sich herum. Oder wie Organe eines pulsierenden Körpers. Sie sind verbunden mit den schnellen zweigleisigen oder sogar mehrgleisigen Magistralen, auf denen die Züge wie Frecciarossa, Pendolino, TGV, ICE oder ein Railjet dahinrasen.

Ich denke darüber nach, welche der europäischen Strecken die wichtigste Ader ist. Die wichtigste Eisenbahnaorta von Europa. Die superschnelle Magistrale von Amsterdam über Brüssel nach Paris vielleicht? Oder die Eurostarstrecke von Paris nach London? Vielleicht ist es auch meine Lieblingsstrecke von Hamburg über Berlin und Prag nach Wien und Budapest. Oder sind es die Rheintal- und die Gotthardstrecke? Die Semmering- und die Südbahn? Der Schienenstrang über den Brenner, verlängert von dort aus bis nach Hamburg im Norden und Bologna im Süden? Vielleicht braucht so ein mächtiger Körper wie Europa einfach mehrere Aorten. Denn Europa ist endlos lang, endlos breit und endlos groß. Und doch auch so klein. Alle diese Orte, die ich auf der Eisenbahnkarte in Faenza sehe, kann man mit dem Zug erreichen. ■

Jaroslav Rudiš, »Gebrauchsanweisung fürs Zugreisen«, Piper Verlag, Flexcover mit Klappen, 256 Seiten, 15 Euro

Jetzt Weinhören!
Apéro. Der junge Wein-Podcast von Foodie
Kein Fachgesimpel,
keine Angeberei,
kein Schnickschnack.
apero.podigee.io
Foodie
Apéro
Alles über Wein.

Schön die Kurve gekriegt Mit rund 50 Stundenkilometern fährt der Rocky Mountaineer durch Kanadas Natur

FOTOS: ROCKY MOUNTAINEER, LUKAS SPÖRL

GLUT, FLEISS UND SCHIENEN

TEXT **BURKHARD MARIA ZIMMERMANN**
FOTOS **LUKAS SPÖRL**

Mit unglaublichem Aufwand hat die **Firma Stadler** in Berlin zehn Waggons für einen kanadischen Luxuszug gebaut, den **Rocky Mountaineer:** eine Geschichte über riesige Kühlschränke, abgeschraubte Ampeln – und Stahl, der sogar der klirrenden Kälte in Kanada widersteht

Als wär's ein Stück von mir Ist es aber nicht: Prabhjot Singh vor dem Modell einer früheren Waggongeneration

Wie es Euch gefällt Sechs verschiedene Wagentypen fertigt Stadler am Standort Berlin

Wir alle sollten den einen Menschen im Leben finden, der so begeistert über uns spricht wie dieser Mann über seinen Zug. »Unsere Waggons für den Rocky Mountaineer sind eine deutliche Verbesserung zur Vorgänger-Generation«, sagt Prabhjot Singh, er hat als Projektmanager bei Stadler die Herstellung von zehn Waggons für das kanadische Unternehmen geleitet, von den ersten Skizzen bis zur Auslieferung. »Es gibt viele Fahrgäste, die bei der Buchung schon angeben, dass sie in unseren Wagen fahren möchten. Man kann die gesamte Steuerung mit Touchscreens bedienen und die Innenbeleuchtung genau der Umgebung anpassen, und die Federung ist nicht mehr mechanisch, sondern funktioniert mit einer Luftfederung – auch dadurch ist die Fahrt sehr viel angenehmer geworden.«

Und wenn sie irgendetwas sein soll, die Fahrt mit dem Rocky Mountaineer, dann das: angenehm. Seit 1990 zuckelt der Zug mit rund 50 Stundenkilometern ab Vancouver auf drei verschiedenen Routen in Richtung Osten nach Banff oder zum nordöstlich gelegenen Jasper – es gibt zweitägige Touren und längere Round Trips (siehe Serviceseiten über den Rocky Mountaineer ab Seite 46), die Nächte verbringen die Fahrgäste in Hotels, die dem Komfort des Zuges entsprechen. Alle Routen haben eines gemein: Sie führen durch atemberaubend schöne Natur, vorbei an reißenden Flüssen, donnernden Wasserfällen, steil abstürzenden Felswänden und dunklen Wäldern. »Man fährt innerhalb weniger Tage durch ganz unterschiedliche Landschaften«, sagt Singh. »Der Zug startet in Vancouver, also am Meer, wo es immer mild ist, eine Stunde später ist man in den Bergen, und drei Stunden später beginnt in der Stadt Kamloops die Wüste.«

Wie sein Projekt, so wirkt auch Prabhjot Singh ausgesprochen angenehm: Seine dunklen Augen rahmt eine transparent gefasste Brille, die wirkt, als sei sie auf die hellen Bartstoppeln abgestimmt, seine Stimme ist hell, ruhig und warm. Vor ihm steht ein kleines Modell eines Rocky Mountaineers aus Plastik auf dem Tisch, da können Besucher im Gespräch ein bisschen mit herumspielen, doch es bleibt nicht unerwähnt, dass das eine ältere Wagengeneration ist, und es wird schon seinen Grund haben, dass die Fahrgäste lieber in den Waggons von Stadler fahren möchten. Das Unternehmen hinter dem Rocky Mountaineer war auf die Berliner aufmerksam geworden, weil die auch schon Waggons für andere Luxuszüge wie den schweizerischen Glacier Express gebaut hatten (siehe unsere Geschichte ab Seite 96), der Auftrag für die Wagen der besonders hochwertigen Kategorie »Gold Leaf« kam dann 2015. Vertrauen in das planerische und handwerkliche Können von Stadler war dabei entscheidend – die Fahrt durch den Westen Kanadas soll nicht nur atemberaubende Landschaften präsentieren, sondern der Zug soll dabei maximalen Komfort bieten Dafür kommt jede Menge moderne Technik zum Einsatz: Das Spezialglas der gewölbten Panoramascheiben im Dach des Zuges lässt sich über einen Touchscreen verdunkeln, jede der Scheiben wiegt etwa 200 Kilogramm. Die Sitze im Obergeschoss haben nicht nur eine Massagefunktion, sondern lassen sich auch um 180 Grad drehen, falls Gäste in eine andere Richtung schauen oder in der Gruppe gemeinsam essen wollen. Und gegessen wird oft: Jeder Wagen hat eine eigene Küche mit Arbeitsflächen aus Edelstahl, die sich zum Braten durchgehend erhitzen lassen, und dass es mal nichts mehr zum Erhitzen geben könnte, ist schwer vorstellbar. »Ein Wagen hat 72 Plätze, die Fahrgäste essen zwei warme Mahlzeiten am Tag, und zwischendurch gibt es ständig Snacks«, sagt Singh. »Man muss also ziemlich viele Lebensmittel verstauen, darum verfügt jeder Wagen im Küchenbereich über einen Kühlschrank wie aus einer Großküche. Der ist so groß wie ein Kleiderschrank und fest mit dem Chassis verbunden – rausnehmen kann man den nicht.«

Weil die Kühlschränke so riesig sind, wurden sie eingebaut, bevor das Dach aufgesetzt worden ist: Ein Zeitpunkt, zu dem schon beeindruckende Ingenieurleistungen in dem Zug ihren Niederschlag gefunden hatten. Die Wagen wurden völlig neu entworfen, komplett »from scratch«, jedes Untergestell ist gute 26 Meter lang und wiegt mehr als neun Tonnen, die Bleche für die rund fünf Meter hohen Wagen wurden aus einem besonderen Stahl hergestellt, der die extremen Temperaturen in den Bergen Kanadas bis minus 27 Grad Celsius aushält. Durch jeden Wagen ziehen sich fast fünf Kilometer an Schweißnähten, gezogen anhand von jeweils 604 Messpunkten, die mit präzisen Messinstrumenten bestimmt werden. Unter der Verkleidung schlängeln sich 48 Kilometer Kabel für Ausstattungsbereiche wie Strom, Lautsprecheranlage und Licht. Am Schluss sind die Flächen von innen verkleidet mit rund 233 Quadratmetern Isolierung, von außen bedeckt über eine Tonne Lack eine Fläche aus mehr als 24 Tonnen Stahl pro Wagen.

Und davon dann zehn Stück.

Bei diesen Dimensionen nimmt es nicht wunder, dass die Wagen für den Rocky Mountaineer die größten sind, die je bei Stadler in Pankow gefertigt wurden, und man hat hier wirklich schon eine Menge Züge gebaut. Das Unternehmen geht zurück auf Ernst Stadler, der 1942 in Zürich ein Ingenieurbüro gründete und 1945 mit der Fertigung von batterie- und dieselbetriebenen Lokomotiven begann, und die liefen offenbar gut – 1976 firmierte das Unter-

200

Kilogramm wiegt jede der aus Spezialglas gefertigten, gewölbten Panoramascheiben im Dach des Zuges

Bitte nehmen Sie doch Platz
Wenn die Leute sich manchmal hinstellen, dann höchstens vor Begeisterung (o.): An den Sesseln, die Prabhjot Singh hat einbauen lassen, liegt's garantiert nicht (u.)

FOTOS: LUKAS SPÖRL (2), ROCKY MOUNTAINEER

Auf Arbeit Silja Kollner im Gespräch mit unserem Autor (o.), ihre Kollegen im Kabelgewusel unter neuen Waggons (u.)

nehmen in eine Aktiengesellschaft, 1984 produzierte es die ersten Passagierwaggons. 16 Jahre später entstand durch ein Joint Venture in Berlin die Stadler Pankow GmbH, die schon ein Jahr später Stadler allein gehörte. Der Standort hat eine lange Geschichte in der industriellen Entwicklung der Stadt: 1907 wurde hier zum ersten Mal eine Fabrik für Elektrogeräte errichtet, nach dem Zweiten Weltkrieg entstand hier mit dem VEB Bergmann-Borsig der wichtigste Hersteller von Energieanlagen in der DDR. Heute werden hier Züge für viele verschiedene Auftraggeber entwickelt, gemeinsam mit Siemens baut man auch Wagen für die Berliner S-Bahn. Im Jahr 2021 wurde eine neue Montagehalle in Betrieb genommen, daneben ist schon die nächste Baustelle, auf der sich hohe Pfeiler und Platten aus Beton in den Himmel strecken – die Anlage wirkt so riesig, dass unbedarfte Besucher meinen könnten, Mensch, jetzt sind sie in Berlin so entzückt, dass sie ihren Flughafen BER ans Laufen gekriegt haben, jetzt setzen sie hier vor lauter Euphorie direkt noch einen hin. Tatsächlich baut Stadler aber ein neues Logistikzentrum mit einer Gesamtfläche von über 17 000 Quadratmetern.

Fast scheint es, als komme das Unternehmen vor lauter Wachstum aus dem Bauen gar nicht mehr heraus, und wenn hier alle mit so viel Elan ans Werk gehen wie Silja Kollner, dann wird das auch eine Weile so weitergehen. »Im Jahr 2001 hatte Stadler in Berlin knapp 200 Mitarbeitende, jetzt sind es rund 1500, und sie arbeiten in der modernsten Halle für den Bau von Schienenfahrzeugen in Deutschland«, sagt Kollner, sie leitet die Kommunikation von Stadler in Deutschland und spricht deutlich und flott. »Unser neues Produktions- und Verwaltungsgebäude haben wir in anderthalb Jahren komplett hochgezogen.« Ihre Sommerschuhe hat Frau Kollner durch robuste Sicherheitsschuhe ersetzt, bevor sie mit der Führung durch die neue Fertigungshalle begonnen hat, dazu trägt sie eine blaue Bluse, eine cremefarbene Hose und ein unsichtbares Regencape, an dem Fragen nach Preisen von Waggons sofort abperlen – sie weiß es gerade nicht, und wenn sie es wüsste, würde sie es nicht sagen mögen, überhaupt, gehen wir mal ein bisschen herum …

Die stählernen Träger in der Halle sind blau lackiert, helles Licht fällt durch Fenster in der hohen Decke in den Raum. Darunter glänzen halb fertige Züge, in ihren stählernen Bäuchen verlegen Männer in blauen Overalls die kunststoffummantelten Eingeweide. Jeder Quadratmeter der Halle wirkt sauber und aufgeräumt, die Arbeiter fegen ihre eigenen Bereiche regelmäßig, in den Wagen selbst wird am Schluss durchgesaugt. »Wir sind eine Art industrielle Manufaktur«, sagt Kollner. »Roboter finden sich beim Schweißen der Wagenkästen, beim Zugbau machen wir viel von Hand.« Für den Rocky Mountaineer mit seinen zwei Geschossen mussten die Ingenieure sich einiges einfallen lassen: Die Seitenwände waren zu groß, um mit dem Hallenkran auf das Untergestell gesetzt zu werden, also holten sie dafür einen Autokran in die Halle – und die Türen

»

Die Türhöhe in einer unserer Montagehallen mussten wir vergrößern. Sonst hätten die doppelstöckigen Waggons nicht durchgepasst

«

Silja Kollner

Wir fahren durch Berlin Im Jahr 2020 bekam Stadler von den Berliner Verkehrsbetrieben einen Auftrag für bis zu 1500 U-Bahn-Wagen

waren zu niedrig, um den fertigen Zug am Schluss überhaupt aus der Halle zu bekommen: »Die Türhöhe in einer unserer Montagehallen mussten wir vergrößern«, sagt Silja Kollner. »Sonst hätten die doppelstöckigen Waggons nicht durchgepasst.«

Und 2019, vier Jahre nach dem Projektstart, war es dann so weit: Die eleganten Giganten traten ihre Reise nach Kanada an. Wie zur Hölle transportiert man solche riesigen Waggons durch Berlin? Die Antwort: sehr vorsichtig – und mit polizeilicher Begleitung. »Als wir den Zug transportiert haben, mussten wir das 60 Tage vorher anmelden, darum haben wir das sehr genau geplant«, erinnert sich Prabhjot Singh. »Man bekommt dann einen Termin, den man exakt einhalten muss.« Für die Fahrt durch die Stadt wurden Bäume beschnitten und Ampeln abgebaut, weil der Zug so hoch ist, und am Abend des festgelegten Termins kam um 22 Uhr die Polizei, um den Transport zu begleiten, als der Wagen mit Tiefladern zum Westhafen in Berlin gebracht wurde. War Singh aufgeregt? »Ich hatte schon zwei Nächte vorher kaum geschlafen, und in der Nacht des Transports war ich ohnehin wach«, sagt er lachend. »Wir waren alle sehr aufgeregt und sind in einem Konvoi aus 50 Fahrrädern hinter dem Transport hergefahren. Da waren auch viele Mitarbeitende dabei, die mit dem Projekt gar nichts zu tun hatten – einfach nur deswegen, weil es so ungewöhnlich war und weil wir so stolz waren.«

Vom Westhafen fuhren die Wagen mit Frachtschiffen auf dem Wasserweg nach Bremerhaven, dann auf einem Containerschiff nach Tacoma in den USA. Dort haben die amerikanischen Behörden den Zug geprüft, dann durfte er auf Gleisen weiter über Seattle nach Vancouver. Natürlich mussten die Leute vom Rocky Mountaineer die Waggons am Schluss abnehmen, oft werden dabei Mängel festgestellt, sie haben aber kaum welche gefunden. Eine Sache, die sie angemerkt haben: Auf dem Drehgestell, also der Einheit mit den Rädern, befand sich doch tatsächlich Schmutz. Was man halt so findet, wenn man eigentlich nichts findet. ■

Burkhard Maria Zimmermann *war es unangenehm, auf jeden zweiten Satz von Prabhjot Singh mit »krass!« zu reagieren, aber Technik ist halt oft sehr … wie soll man sagen … krass?*

Auf den Spuren von Kanadas ersten Zügen

Im Westen Kanadas, zwischen der Küstenstadt Vancouver und den Bergmassiven des Jasper National Parks, fährt der **Rocky Mountaineer** durch sensationelle Landschaften – und das mit maximalem Komfort

FANTASTISCHE AUSSICHTEN

Der Rocky Mountaineer ist ein luxuriöser Reisezug, der von April bis Oktober auf verschiedenen Routen und mit unterschiedlichen Stationen an der kanadischen Westküste pendelt: Zwischen **Vancouver** an der kanadischen Westküste, der kleinen Bergstadt **Jasper** im Jasper National Park und dem beliebten Urlaubsort **Banff** im Banff National Park. Ein zusätzliche Strecke verbindet in den USA die Städte Denver in Colorado und Moab in Utah. Die Züge fahren tagsüber mit einer Geschwindigkeit von rund 50 Stundenkilometern, es ist also ein bisschen, als würde man den ganzen Tag lang durch eine riesige geschlossene Ortschaft fahren – nur, dass es halt eine unfassbar schöne Ortschaft ist. Deswegen haben die Züge auch besonders große Fenster, die den Blick freigeben auf die vielseitige Natur der Umgebung.

Tagsüber werden Getränke und frisch an Bord zubereitete Mahlzeiten gehobener Qualität serviert, der kulinarische Genuss soll dem Landschaftserlebnis in nichts nachstehen. Die Waggons haben keine Schlafabteile, die Nächte verbringen die Fahrgäste in Partnerhotels an den Zwischenstationen. Boah, jetzt noch abends das Gepäck zum Hotel schleppen? Ja, richtig – aber das machen die Fahrgäste natürlich nicht selbst, sondern das übernimmt das Serviceteam vom Rocky Mountaineer. Kurz: Wunderbare Natur, verbunden mit maximalem Komfort.

ROUTEN IM PROGRAMM

First passage to the west (2 Tage)
Diese Linie folgt gleichsam den Spuren der Pioniere, die einst den Westen Kanadas besiedelten und erschlossen: Sie führt von der städtischen Küstenatmosphäre in Vancouver durch die karge Wüstenlandschaft bei **Kamloops** wahlweise zum funkelnden Lake Louise oder ins hoch gelegene Banff, vorbei an Wasserfällen und Gletschern. Für die geschichtliche Dimension steht der Ort Craigellachie, wo der letzte Nagel in die Gleise der Canadian Pacific Railway Line geschlagen wurde.

Journey through the clouds (2 Tage)
Auf dieser Tour geht es erst von Vancouver durch die sattgrünen Weiten des Fraser Valleys in die Wüste bei Kamloops – und danach entlang des **North Thompson Rivers**, der hier über 90 Meter in die Tiefe fällt, nach Jasper in den Canadian Rockies.

Rainforest to gold rush (3 Tage)
Diese Linie verläuft ebenfalls von Vancouver nach Jasper, doch erst mäandert der Zug anfangs vorbei an den Kliffs des Howe Sounds und durch Regenwälder entlang der Küste. Am zweiten Tag entsteht ein neuer Kontrast, wenn es von Whistler entlang Anderson Lake und Seton Lake zur einstigen **Goldgräberstadt Quesnel** geht. Auf der letzten Etappe gleitet der Rocky Mountaineer vorbei am riesigen Mount Robson nach Jasper, der mit seiner Höhe von fast 4000 Metern das Bild der Umgebung bestimmt.

Rockies to the red rocks (2 Tage)
Entlang des Colorado Rivers fährt der Zug auf dieser neuen Strecke erst von Denver im US-Bundesstaat Colorado nach Glenwood Springs. Von dort reisen Sie am zweiten Tag durch tiefe Schluchten wie den 24 Kilometer langen **De Beque Canyon** und entlang schroffer Wände aus rötlichem Sandstein nach Moab in Utah – für viele Reisende der Startpunkt zu Ausflügen in die fünf Nationalparks der Umgebung.

SCHÖNHEIT HAT IMMER SAISON

Die Natur der Canadian Rockies unterliegt im Zeitraum, in dem der Zug fährt, großen Veränderungen: Im April und Mai schwellen die Flüsse an und viele Blumen blühen, zwischen Juni und August lässt sich auch der Nachwuchs wilder Tiere manchmal blicken, und der Regenwald in der Nähe der Küste wirkt jetzt besonders üppig. Ganz anders wirkt das Farbspektrum im Herbst: Das Laub färbt sich rot, orange und goldfarben, und während besonders viele Tiere umherstreifen, die sich jetzt Reserven für den Winter anfressen, sind die Gipfel der Berge häufig schon von Schnee bedeckt.

ÜBER KURZ ODER LANG WIRD ES GROSSARTIG

Zwei Tage durch die Rockies, das ist doch viel zu kurz – da hat sich die

FOTOS: ROCKY MOUNTAINEER

1

2

3

Als sei die Fahrt entlang blaugrüner Seen noch nicht Genuss genug **(1)**, serviert ein aufmerksames Team **(2)** den Fahrgästen unablässig Unwiderstehliches **(3)**

Während das Personal mit seinen Erläuterungen bei den Fakten bleibt **(1)**, dürfen Fahrgäste sich gern mal etwas weiter aus dem Fenster lehnen **(2)**

Stirnmuskulatur doch gerade erst an die vor Staunen weit aufgerissenen Augen gewöhnt! Kein Problem: Zu diesen Reisen bietet der Rocky Mountaineer unterschiedliche **Verlängerungspakete** an, die je nach Tour etwa fünf bis 13 Tage lang sein können. Sie bestehen aus vielen verschiedenen Extras wie Ausflügen in Nationalparks und Führungen durch Städte, Buchungen für Mietwagen zum Cruisen auf eigene Faust oder Bootsfahrten über die Seen entlang der Route.

ES GEHT NOCH »SUPERER«

Der Rocky Mountaineer bietet zwei Buchungsoptionen: In der Kategorie »Silver Leaf« fahren eingeschossige Wagen mit Panoramafenstern im Dach, diese Waggons werden von bis zu drei Reiseleitern begleitet. Die Küche serviert anspruchsvolle regionale Kreationen, Zwischenmahlzeiten und Getränke. Noch eleganter ist die Klasse »Gold Leaf«: Die Dächer der zweigeschossigen Wagen bestehen **fast völlig aus Glasflächen**, man serviert Gourmetküche à la carte, jeder Wagen hat bis zu vier Begleiter und ein Küchenteam. Zu jeder Buchungsklasse gehören gemütliche Sitze mit viel Beinfreiheit. In beiden Kategorien kümmern sich die Zugbegleiter nicht nur um die Versorgung der Gäste, sondern sie informieren auch über historisch bedeutsame Orte entlang der Strecke, über die Besonderheiten der Landschaft und über die Tier- und Pflanzenwelt der Umgebung. ■

UND LOS!

Über alle Berge – und durch Täler, Wiesen und Wälder: Das ist Reisen nach Maß

Lernidee Erlebnisreisen bietet mehrere Reisepakete mit dem Rocky Mountaineer an – von der dreitägigen Tour »Rainforest to Gold Rush« (ab ca. 1430 Euro pro Person) über das sechstägige Paket mit Highlights aus »First Passage to the West« (ab ca. 1930 Euro pro Person) bis zur 16-tägigen Reise »Mit Canadian und Rocky Mountaineer durch Kanada« (ab ca. 7920 Euro pro Person). Auf der Website finden sich weitere Touren durch Kanada und die USA. **lernidee.de**

FOTOS: LAARA CERMAN/ROCKY MOUNTAINEER

Bahnbrechende Rekorde

Höher, schneller, spektakulärer – es ist jetzt allerhöchste Eisenbahn, dass wir die krassesten Trassen vorstellen. Hier sind sie, die Züge, die noch eine Schippe drauflegen!

AM ALLERHÖCHSTEN

CHINA LHASA BAHN

Atemberaubend: Der Zug vom chinesischen Xining in die tibetische Hauptstadt Lhasa ist mit Streckenabschnitten in über 5000 Meter Höhe buchstäblich die höchste Eisenbahn. Aber damit nicht genug. Die Tibet-Bahn fährt außerdem durch den höchsten Eisenbahntunnel (4905 Meter) und hält am höchsten Bahnhof, dem Tanggula-Bahnhof auf 5068 Meter Höhe. Der Großteil der 17-stündigen Fahrt verläuft auf über 4000 Meter Höhe. Die dünne Luft macht vielen Reisenden zu schaffen. Gegen die Höhenkrankheit wird ab etwa 3000 Metern zusätzlicher Sauerstoff in die Kabinen gepumpt. Für Notfälle ist medizinisches Personal an Bord.

AM HÖCHSTEN

SCHWEIZ HÖCHSTGELEGENER BAHNHOF EUROPAS

Der Titel »Top of Europe« ist wörtlich gemeint: Die Bahnstation auf dem Jungfraujoch liegt auf 3454 Meter Höhe und ist damit der höchste Bahnhof Europas. Der Bau der Bergbahn begann 1896. Größtenteils per Handarbeit wurden die Trassen und Tunnel durch das Bergmassiv angelegt. Wer heute den Bahnhof Jungfraujoch erreicht, steht nach ein paar weiteren Höhenmetern per Treppe oder Lift inmitten des spektakulären Alpenpanoramas mit dem Aletschgletscher, dem größten Gletscher der Alpen, und den umliegenden Gipfeln von Jungfrau, Mönch und Eiger.

AM ENTFERNTESTEN

ARGENTINIEN ZUG AM ENDE DER WELT

El Tren del Fin del Mundo, also der Zug am Ende der Welt, bringt Passagiere weit weg. Noch weiter wäre nur die Antarktis. Die kleinen Dampflokomotiven fahren auf der südlichsten Bahnstrecke der Welt. Feuerland am untersten Zipfel des südamerikanischen Kontinents ist so weit vom Rest der Welt entfernt, dass Argentinien ihn 1902 als idealen Ort für ein Gefängnis auserkor. Dazu gehörte auch ein Schmalspurzug, der Material und Gefangene transportierte. Seit den 1990er Jahren fahren Touristen die Strecke in einem kleinen, weitaus komfortableren Zug, angetrieben von einer Replik der ursprünglichen Dampflok. Ein fantastisches Verkehrsmittel, um die spektakuläre Landschaft am Ende der Welt zu erleben.

Das Abenteuer ruft:
die neue Expeditionsklasse von
Hapag-Lloyd Cruises
HANSEATIC nature
HANSEATIC nature
Jetzt Abenteuer
entdecken
DREI BAUGLEICHE EXPEDITIONSSCHIFFE:
HANSEATIC nature, HANSEATIC inspiration & HANSEATIC spirit
• Unberührte Regionen erkunden:
kleine, hochmoderne Schiffe auf spektakulären Routen
• Expedition pur:
Natur ganz intensiv bei Zodiacfahrten und Anlandungen
• Horizonte erweitern:
Crew und Wissenschaftler mit weltweiter Expertise
• Sicherheit am Ende der Welt:
dank höchster Eisklasse für Passagierschiffe
• Reisen mit Respekt:
modernste Umwelttechnik, 100 % Schweröl-frei
• Sternstunden für Entdecker:
höchste Standards bei Service und Ausstattung

SPEKTAKULÄRE ROUTEN WELTWEIT

Das Authentische ungefiltert auf sich wirken lassen. Umwege nicht als Zeitverzögerung ansehen. Ungeplantes als Inspiration verstehen. All das erwartet Sie auf jeder Expedition und macht diese so außergewöhnlich. Eis und Tropen, nah und fern, lange und kurze Reisen. Ob Arktis und Antarktis, Spitzbergen, Great Lakes, Amazonas, Chiles Fjorde, Japan, Südsee oder Europas Inselwelten – freuen Sie sich auf spannendes Neuland.

MEHR WISSEN, MEHR ENTDECKEN

Jede Expedition bietet Ihnen durchgehend Möglichkeiten, sich neues Wissen über die Wunder der Welt anzueignen. Die modernen Schiffe dienen dafür als Expeditionsbasis, Forschungsstation und Studienplatz. Ein Team erfahrener Experten bereichert jede Reise mit Fachwissen und Vorträgen. Sie lenken immer wieder Ihre Blicke auf das Besondere, das anderen Reisenden verborgen bleibt und das sich im bordeigenen Wissensatelier, der Ocean Academy, vertiefen lässt.

UNSERE ENTDECKERFLOTTE

Wenn Wale zum Freudensprung ansetzen und Robben zum Eisbad abtauchen, werden Sie keinen Moment verpassen. Die Basis dafür sind unsere kleinen Expeditionsschiffe mit einem Höchstmaß an offenen Decksflächen. Geringer Tiefgang und hohe Manövrierfähigkeit bringen Sie auch dort weiter, wo große Kreuzfahrtschiffe beidrehen müssen. Auf dem Umlauf am Bug oder den gläsernen Balkonen sind Sie immer mitten im Erlebnis.

FREIHEITSGEFÜHLE UND HÖCHSTER KOMFORT

Das von der Natur inspirierte Schiffsdesign schafft eine Wohlfühlatmosphäre in allen 120 Außenkabinen. Wie genussvoll und vitalisierend eine Expedition sein kann, beweisen drei Restaurants, das großzügige Spa und das vielfältige Sportangebot – immer inklusive Meerblick. Gekrönt vom Service einer 175-köpfigen Crew für die nie mehr als 230 Gäste (199 bei Antarktis-Expeditionen).

NACHHALTIGKEIT UND SICHERHEIT

Spektakuläre Expeditionen und Engagement für den Schutz der Natur gehen bei Hapag-Lloyd Cruises Hand in Hand. So nutzen wir etwa zur Emissionsreduzierung einen optimierten Schiffsrumpf, einen SCR-Katalysator und Landstrom. Dank höchster Eisklasse für Passagierschiffe und polarerfahrener Crew bewegen wir uns zudem verantwortungsvoll und sicher durch schützenswerte Gebiete. Angetrieben von schadstoffarmem Marine-Gasöl 0,1 %.

AM SCHNELLSTEN

DEUTSCHLAND SCHNELLSTE FAHRT

... jedenfalls für eine Weile. Der »Schienenzeppelin« war ein Gefährt wie aus einem Science-Fiction-Film. Für seine ehrgeizige Erfindung ließ sich Franz Kruckenberg von der Luftfahrt inspirieren. Sein »Luftbahn-Wagen« erhielt das leichte Aluminium-Skelett eines Zeppelins, mit einer Außenhaut aus feuerfestem Segeltuch und einem hölzernen Propellerantrieb am Heck: Geboren war der Schienenzeppelin, der am 21. Juni 1931 mit 230 Stundenkilometern einen Geschwindigkeitsrekord aufstellte, der erst über 20 Jahre später geknackt werden sollte. Durchgesetzt hat sich das Gefährt trotzdem nicht. Als Einzelfahrzeug konnte es maximal 50 Menschen transportieren, und es ließ sich nicht durch Zugbindung erweitern. Außerdem konnte der Schienenzeppelin mit seinem Propeller nur vorwärts fahren, was das Manövrieren auf einer Drehscheibe erforderte. Die Vorstellung des offenen Propellers an einem überfüllten Bahnsteig, gab dem Transportmittel dann wohl den Rest.

AM KLEINSTEN

VATIKAN KLEINSTES SCHIENENNETZ

Wenn der Papst verreist, nimmt er normalerweise ... nicht den Zug. Trotzdem hat die heilige Stadt ein eigenes Schienennetz. Mit etwa 860 Metern ist es wohl das kleinste Eisenbahnnetz der Welt, es verfügt weder über eigene Züge noch über Mitarbeiter. Die Bahnstation »Città del Vaticano« ist opulent mit Stuck und Marmor ausgestattet. Der erste Papst, der die Bahn persönlich nutzte, war Johannes XXIII. für eine Pilgerfahrt nach Loreto und Assisi 1962. Als Fahrzeug lieh er einen Salonwagen vom italienischen Staatspräsidenten.

AM KÜHNSTEN

ECUADOR DIE TEUFELSNASE

Dem Teufel auf der Nase herumtanzen können Passagiere von Quito in die Küstenstadt Guayaquil. Auf 2300 Meter Höhe führt die Strecke durchs Hochland der ecuadorianischen Anden. In der Nähe von Alausí liegt ein markanter Felsvorsprung mit dem verheißungsvollen Namen »Nariz del Diablo«, Teufelsnase. Es heißt, der ehemalige Präsident Ecuadors Eloy Alfaro musste einen Pakt mit dem Teufel schließen, um die Strecke bauen zu können. Der Bau der 1908 eröffneten Trasse forderte mehrere Tausend Menschenleben. Das Gelände ist extrem schwierig: Durch scharfe Spitzkehren klettert der Zug im Zickzack den Berg hinauf. Neben dem Gleis geht es fast senkrecht in die Tiefe. Bis Anfang der 2000er Jahre war das Dach des Zuges ein begehrter Sitzplatz, inzwischen ist der Zugang verboten.

AM STEILSTEN

SCHWEIZ DIE STEILSTE BAHNSTRECKE

Was bei den Steinböcken mühelos aussieht, ist selbst für einen sehr kleinen Zug nur mit cleverer Ingenieurskunst möglich. Seit 1889 erklimmt die Pilatusbahn den steilen Eselberg bei Luzern. Dabei benutzt sie ein einzigartiges horizontales Zahnradsystem, entwickelt von Ingenieur Eduard Locher. Damit ist es der kleinen roten Bahn möglich, in weniger als fünf Kilometern 1636 Höhenmeter zu überwinden. Steigung: bis zu 48 Prozent! Die steile und damit kürzere Bahnstrecke sollte Baukosten sparen. Für die Konstruktion an der Steilwand wurden die Arbeiter an Seilen heruntergelassen. Heute erreicht man die Bergstation Pilatus Kulm ganz bequem in 30 Minuten vom kleinen Örtchen Alpnachstad. Die Fahrt ist nicht nur für Freunde der Ingenieurskunst ein Erlebnis, die ungewöhnliche Fahrt bietet auch ein fantastisches Bergpanorama. Mit etwas Glück begegnet man unterwegs den wahren Klettermeistern der Alpen: Gämsen und Steinböcke hüpfen spielend leicht über die Steilwände.

DER FLIEGENDE HIGHLANDER

Hoch im Norden dreht der **Royal Scotsman** seine Runden, Großbritanniens Antwort auf den Orient-Express: ein glücklich in der Zeit steckengebliebener Luxuszug mit einer Crew wie aus einem Theaterstück, Stippvisiten beim schottischen Landadel und mehr Whisky an Bord, als man je trinken könnte

TEXT **KALLE HARBERG** FOTOS **VOLKER RENNER**

Mit offenen Türen wartet der Royal Scotsman während eines Ausflugs im Bahnhof von Perth

In voller Montur führt ein Dudelsackspieler die Passagiere am ersten Tag zum Zug

Am Ende der Reise werden wir über die Gleise tanzen, aber der Anfang gleicht eher einer Prozession als einer Party. Wer an Bord des Royal Scotsman geht, trifft sich zunächst im »Balmoral«, entspannt mit einem Glas Champagner auf der Empore von Edinburghs Fünf-Sterne-Hotel, bis ein Mann namens Ian Gardiner, ehemaliger Brigadier der Royalen Marine, Teilzeit-Sekretär von Prinz Philip und nun der Host dieser Reise, ein Mann, der in drei Kriegen kämpfte und »der Geschichte gelegentlich sogar einen kleinen Schubs gab«, wie er selbst sagt, voller Stolz verkündet: »Ladies und Gentlemen des Royal Scotsman, wenn Sie mir folgen würden, der Zug steht nun bereit.«

Also folgen wir Ian aus dem »Balmoral« heraus und die Rolltreppen hinunter in den Bahnhof von Edinburgh gleich nebenan, vorbei an den betriebsblinden Pendlern an diesem Montagmittag, um am Gleis von einem Dudelsackspieler in Kilt und Fellmütze empfangen zu werden. Der führt uns dann gemeinsam mit Ian unter ohrenbetäubenden Pfeifen zum Eingang des Zuges, während die erstaunten Passanten nun doch anhalten, um Videos von dem Dudelsackspieler zu machen und dabei natürlich auch die Passagiere hinter ihm einfangen, die ihrerseits fleißig filmen, bis wir alle schließlich zu dem roten Teppich gelangen, der an den Stufen eines Waggons endet. Es gibt viele Wege, eine Reise zu beginnen, aber eine derart gediegene, pompöse, schräge Art habe ich noch nicht erlebt.

So geht es los, so geht es weiter. Noch ein Glas Champagner im Observation Car, während der Zug Richtung Norden rollt. Der Panoramawagen ist das Wohnzimmer des Royal Scotsman, vollgestopft mit Sofas und Sesseln, in die sich unsere Zuggesellschaft nach dem formellen Einlauf fallen lässt. An der Decke surren die Ventilatoren, eine Hitzewelle ist über Schottland ausgebrochen, »sehr ungewöhnlich«, gibt die stellvertretende Zugchefin Gemma zu. Sogar die Fenster des Waggons sind leicht geöffnet, was komplexe Konversationen unmöglich macht, aber wiederum nicht laut genug ist, um die Vergabe der Wellness-Termine in Europas einzigem Spa-Waggon für die kommende Woche zu verhindern. »Ich bin überhaupt noch nie Zug

1

»ICH BIN ÜBERHAUPT NOCH NIE ZUG GEFAHREN. NACH DEM ROYAL SCOTSMAN WIRD ALLES ANDERE EINE ENTTÄUSCHUNG SEIN« JOY IKE, PASSAGIERIN

3

1 Hier spielt die Musik! Im Observation Car gibt es nach dem Dinner noch ein Konzert **2** Der Scotsman hat seinen eigenen »Whisky Ambassador«: Sylwia Szwedo **3** Das Champagnerglas in der Hand, die nächste Anekdote ganz sicher im Kopf: Host Ian Gardiner **4** Auf dem engen Gang erhascht man immer wieder Blicke in die edlen Kabinen der anderen **5** Darf's vor dem Drei-Gänge-Menü schon ein Canapé sein? Unbedingt!

Dieser Zug hat den Bogen raus: Bei strahlendem Sonnenschein schlängelt sich der Royal Scotsman an Seen und Hügeln vorbei durch die Highlands

»IM ZUG KRIEGT MAN EIN GEFÜHL FÜR DIE GRÖSSE DIESER LANDSCHAFT. EINE DER LETZTEN WILDNISSE IN WESTEUROPA«

IAN GARDINER, HOST

Bitte recht förmlich! Und dennoch ganz freundlich: Brian und Leslie vor dem Dinner

gefahren«, gesteht Joy, eine frisch pensionierte Lehrerin und Bibliothekarin aus den USA, die sich diese Reise mit ihrem Ehemann Bob zum Ruhestand gegönnt hat. »Nach dem hier wird alles andere eine Enttäuschung sein.« Und schon nach einer halben Stunde Fahrt stimmen ihr alle zu.

Gäbe es eine Ruhmeshalle für die edelsten Zugreisen der Welt, der Royal Scotsman hätte einen Ehrenplatz sicher. Erst Mitte der Achtziger nahm der Zug, der heute aus einer Kombination Sechziger-Jahre-Waggons des British Pullman – noch ein Mitglied der Ruhmeshalle – und auf alt gemachten Wagen neuerer Bauart besteht, seine Fahrt auf. Seit 2005 gehört der Nostalgiezug der Luxusmarke Belmond, die auch die Neuauflage des Orient-Express betreibt, und heißt offiziell »Belmond Royal Scotsman«, was mich trotz des Brandings sofort an legendäre Schiffe wie den »Fliegenden Holländer« erinnert. Obwohl dieser Fliegende Highlander mehr einer eleganten Kreuzfahrt als einem verfluchten Geisterschiff gleicht: Von April bis Oktober cruist der Scotsman auf einem halben Dutzend Routen durch sein Heimatland, darunter die fünftägige Reise »Scotland's Classic Splendours«, auf der Fotograf Volker und ich sowie 32 Passagiere aus Großbritannien, dem Libanon und den USA unterwegs sind. Mehr als tausend Kilometer liegen vor uns, vor allem durch die Highlands, die erst die Schienen richtig erschlossen hätten, erzählt Ian, und bis heute erschließen. »Aus dem Auto bekommt man nur einen flüchtigen Eindruck. Aber im Zug sitzend kriegt man ein Gefühl für die Größe und ergreifende Schönheit dieser Landschaft. Eine der letzten Wildnisse in Westeuropa.«

Eine kleine Tour durch den Zug, der mit mehr als einem Kilometer Länge nicht wirklich klein ist: Hinter dem Panoramawagen liegt der rote Speisesalon samt Bibliothek, dann kommen die Lobby, die Küche, die nicht viel größer ist als ein Schrank, und der grüne Speisesalon. Auf den Spa-Waggon mit seinen zwei Massagebänken folgen fünf Wagen mit den Kabinen der Passagiere, ganz am Ende des Zuges liegen die Räumlichkeiten des Zugpersonals. Alles ist holzvertäfelt, mit Tweed ausgelegt und von geschwungenen Lämpchen erhellt. Ja, es sieht wirklich so aus, als könnte jeden Moment ein Mord stattfinden, den wir zusammen lösen müssen. Meine Einzelkabine liegt im vorletzten Wagen, ist mit zwei Schritten durchquert, aber hat neben einer gemütlichen Koje und einem Bad trotzdem Platz für einen Schreibtisch, auf den der Reiseplan des jeweiligen Tages gelegt wird. Für heute stehen dort noch Canapés, ein informelles Dinner mit drei Gängen und ein Konzert im Panoramawagen, das mit Robert Burns' »Scots Wha Hae« endet. Als ich nach der inoffiziellen Nationalhymne müde zurück zu meiner Kabine laufe, scheint mir der Weg viel länger als ein Kilometer. Ich fühle mich, als wäre ich schon ewig mit diesem Zug unterwegs.

Der zweite Tag beginnt göttlich: Wie ein Akkordeon strecken sich die Highlands aus und ziehen sich wieder zusammen, als wollten sich die Hügel über die Gleise falten. Dazwischen Schafe, Kühe, ein im Sonnenlicht glitzerndes Loch, wieder Schafe. Der Panoramawagen ist gut gefüllt, aber kaum jemand redet. Nur die Äste, die alle paar Minuten gegen die Fenster schlagen, durchbrechen die Stille sowie die gelegentliche, mehr zu sich selbst als zu anderen gemurmelte Beobachtung. »Was für eine Aussicht« oder auch nur ein »ziemlich grün«.

Solche Momente, in denen die Blicke und Gedanken aus den Fenstern des fahrenden Zuges schweifen, sind selten auf dem Royal Scotsman. Zum einen, weil der über Nacht in Bahnhöfen rastet, zum anderen, weil das Tagesprogramm prall gefüllt ist mit Ausflügen, bei denen man in die Highlands eintaucht. Wir besuchen eine beinahe 200 Jahre alte Whiskybrennerei, die ihren süßen Scotch heute nach Asien exportiert, wo er extrem gefragt ist. Wir machen einen Bootsausflug nahe der

1

2

1 Da hat jemand sein neues Hobby gefunden: Autor Kalle Harberg beim Tontaubenschießen **2** Oberkellner Max überprüft nochmal, ob das gute Geschirr richtig liegt **3** Puristen nehmen auch im Zug keine Eiswürfel in ihren Whisky, sondern verfeinern Tropfen wie den Laphroaig mit der Pipette **4** Zurück im Heimathafen: das Polarschiff »Discovery« **5+6** Fürstliches Ausflugsziel: das Ballindalloch Castle von Clare Russell

4

5

3

»ICH LIEBE ES, MENSCHEN ZU TREFFEN. DASS WIR UNS FÜR ALLE GEÖFFNET HABEN, IST GUT SO« CLARE RUSSELL, SCHLOSSERBIN

6

Isle of Skye, schauen auf die Seehundbänke und spazieren danach durch ein Fischerdorf. »Erinnert mich an Nova Scotia«, sagt Leslie, eine Biologieprofessorin aus Rhode Island, die mit ihrem Mann Brian, einem in Ruhestand gehenden U-Boot-Kapitän, im Scotsman unterwegs ist. Nur sei es eben das Original, wirft Brian ein. Old Scotia.

Ein älteres Stück Schottland als das Ballindalloch Castle ist schwer zu finden. Doch ist das Erste, was wir auf dem fast hundert Quadratkilometer großen Landgut sehen, ein moderner Windpark. Es folgen eine Brennerei und ein Golfplatz, erst dann biegt der Bus, der uns vom Zug zu den Ausflugszielen chauffiert, auf die Allee zu dem 1546 errichteten Herrenhaus, vor dem uns eine adrette Dame begrüßt: »Hallo, wie reizend, Sie alle zu sehen!«

Die Dame heißt Clare Russell, und ihr ist es zu verdanken, dass Ballindalloch heute das zweitälteste, sich noch immer in Familienbesitz befindende Schloss Schottlands ist. Als Clare erst fünf Jahre alt war, machte ihr Vater deutlich, dass es an ihr sei, das Anwesen zu übernehmen, weil alle anderen Äste im Stammbaum abgestorben seien. Sie wuchs so altmodisch auf, wie man es sich nur vorstellen kann – auf dem Schloss mit Kindermädchen und Gouvernante. Bevor sie sich an die Rettung des Anwesens machte, musste sie nur noch einen Ehemann finden. »Äußerst schwierig«, erinnert sie sich und lacht. »Er musste mich lieben, die Hunde lieben, es lieben, Geld zu verdienen und mit mir das Anwesen am Leben halten. Aber ich hatte Glück und heiratete einen Banker.«

Gemeinsam mit Prince Charming Oliver renovierte Clare das Schloss, fand vom Whisky bis zum Windpark neue Einnahmequellen für das Anwesen und öffnete es im Zuge dessen auch für Besucher wie uns. Längst kümmert sich Sohn Guy um die Geschäfte und lebt mit seiner Familie im Schloss, das nicht nur ein Museum, sondern nach wie vor ein Zuhause ist. Aber heute führen noch einmal Clare und Oliver über das Anwesen: durch den von ihr entworfenen Garten, über den makellosen Rasen, von dem man essen könnte, und hinein in das Schloss, an dessen Wänden Gemälde spanischer Meister hängen. »Wir wissen nicht genau, woher die Sammlung stammt«, erzählt Clare. »Ich mag sie eigentlich nicht sonderlich.« Auf den Tischen stehen Fotos der Windsors, deren Mitglieder Ballindalloch alleine 40 Mal besuchten. »Hast du auch dauernd die Melodie von ›Downton Abbey‹ im Kopf?«, frage ich Leslie, während wir durch die Gänge spazieren. »Hier ganz besonders«, flüstert sie zurück.

Chefin Gemma sagt, noch lerne sie jeden Tag dazu – es ist ihre Premierensaison

»ES IST EINE LUXUSREISE, ABER WIR VERSUCHEN, SIE NICHT ZU STEIF ZU GESTALTEN. AUCH WIR DÜRFEN SPASS HABEN«

GEMMA FLANNIGAN-GILLESPIE, VIZE-ZUGCHEFIN

Die Amerikaner und ich bilden eine natürliche Allianz. Besonders mit Leslie und Brian sowie dem Lehrerpaar Joy und Bob verstehe ich mich prächtig, auch weil sie zum bodenständigeren Lager der Zuggesellschaft gehören. Bei einem Fahrpreis ab etwa 6000 Euro aufwärts zieht der Royal Scotsman eine um das Rentenalter rotierende Klientel an, deren Konten gut gefüllt und deren Koffer weit gereist sind. Antarktis? Check. Galapagosinseln? Logisch. Safari? Also bitte. Schon am ersten Abend reicht mir ein ehemaliger Master der »Freemen«, einer exklusiven Londoner Gilde, die Events wie eine private Führung durch die 10 Downing Street organisiert, seine Visitenkarte: »Wenn Sie Interesse an einer Mitgliedschaft haben, können wir bestimmt etwas arrangieren.« Trotzdem schließe ich auch die feineren Herrschaften schnell ins Herz – und umgekehrt. Ein Ehepaar aus Wisconsin scherzt sogar, sie würden Volker und mich adoptieren und auf ihre nächsten Reisen mitnehmen, was sich zum Running Gag der Zugfahrt entwickelt. Drei Whisky Sour später am Abend bin ich allerdings nicht mehr sicher, ob es wirklich ein Witz war, und schicke meiner Chefin aus dem Panoramawagen eine Nachricht, dass ich kündige und ab jetzt in Wisconsin wohne, wenn ich nicht mit meinen neuen Eltern auf Weltreise bin. (Anm. d. Red.: Wir wissen bis heute nicht, ob es ein Bluff ist oder nicht, schauen wir mal. Im Übrigen raten wir bei der Auwahl der Eltern generell dazu, etwas Vorsicht walten zu lassen.)

Meinerseits würde ich gerne gleich mehrere Mitglieder des Zugpersonals adoptieren. Die mit mir extrem geduldige Whisky-Expertin und Kellnerin Sylwia zum Beispiel oder auch Zugchefin Gemma, deren Fähigkeit auf High Heels durch den Zug zu laufen, bei den Passagieren konstant für Kopfschütteln sorgt. Es ist Gemmas erste Saison auf dem Scotsman, zuvor arbeitete sie in einem Luxusresort auf einer Karibikinsel, bis dort ein Vulkan ausbrach und die Pandemie zuschlug. Die besondere Nähe zwischen Passagieren und Personal, die oft in Freundschaften münde, mache den Zug zu einer so intimen Erfahrung, findet Gemma. »Es ist eine Luxusreise, aber wir versuchen, sie nicht zu steif zu gestalten«, erklärt sie. »Auch wir dürfen Spaß haben.« Der Royal Scotsman gleiche einem Theaterstück, beschreibt es Host Ian, dessen charmante Erklärungen der Soundtrack unserer Reise sind. »Schottland ist die Bühne, der Zug die Kulisse, ihr seid die Zuschauer, und wir sind die Darsteller.« Aber ist es nun eine Komödie oder eine Tragödie, Ian? »Oh, die Tendenz geht definitiv zur Komödie.«

Wenn es auf der Bühne eine Waffe gibt, wusste schon Tschechow, dann wird sie auch abgefeuert. Und am letzten Tag tauchen in unserem Stück gleich mehrere Gewehre auf. Wir sind zum Tontaubenschießen in einer viktorianischen Jagdhütte, in der Luft liegt der Geruch von Schießpulver und Nieselregen, und unser Ausbilder Jon verrät den Schlüssel zu einem erfolgreichen Schuss: »Vergesst die Waffe, Jungs, schaut auf das Ziel!« Leichter gesagt als getan, vor allem, wenn man wie ich noch nie einen Abzug gedrückt hat und jetzt mit Ohrenschützern und Schrotflinte beim nächsten Ausflug irgendwo im Cairngorms-Nationalpark steht. »Nicht nachdenken«, sagt Jon. »Nur Schießen.«

Die erste giftgrüne Scheibe, die aus dem Gebüsch surrt, verfehle ich noch, aber gleich die zweite zerspringt in hundert wunderschöne Splitter. Und so geht es weiter, fast jeder zweite Schuss ist ein Treffer, sodass selbst U-Boot-Kapitän Brian, dessen Ruhepuls ich konservativ auf zwölf schätzen würde, am Ende des Durchgangs zu mir sagt: »Sehr gut, sehr gut.« An der letzten Station komme ich sogar auf nur einen einzigen Fehlschuss und fühle mich ein bisschen wie James Bond – bis Volker nach mir genauso viele Ziele trifft. Ich gratuliere höflich und erinnere ihn später beiläufig daran, dass er für die gleiche Anzahl Treffer eine Ladung Schrot mehr benötigte.

Der Abschlussball steigt auf dem Bahnsteig: Am letzten Abend tanzen Passagiere und Personal traditionell gemeinsam im Bahnhof von Dundee

Hey, Kollegen! Der wahre Treibstoff des Zuges ist das Team an Bord

»DIE AUSFLÜGE WAREN GROSSARTIG, ABER DAS SAHNEHÄUBCHEN WAREN DIE GEFÄHRTEN«

LESLIE SITTLOW, PASSAGIERIN

Am letzten Abend werden noch einmal schwere Geschütze aufgefahren. Das Dinner ist formell – die Männer tragen Anzug, Smoking oder Kilt, die Damen Abendkleider – aber die Stimmung ist gelassen. Wir bekunden in regelmäßigen Abständen, wie sehr wir uns doch vermissen werden. »Die Ausflüge waren großartig,« fasst es Leslie schon vor dem ersten Gang am besten zusammen, »aber das Sahnehäubchen waren die Gefährten.« Nach dem Essen lässt Ian das Zugpersonal nacheinander aufmarschieren, und wir applaudieren frenetisch für alle, vom Chefkoch bis zum Tellerwäscher. Und dann hat unser Host noch eine Überraschung: Im Hafen von Dundee, keine fünf Minuten von unserem Gleis entfernt, liegt die »Discovery« vor Anker – jenes Schiff, mit dem der berühmte Polarforscher Robert Falcon Scott 1901 zu seiner ersten Expedition in die Antarktis aufbrach. Ian kennt den Nachtwächter und manchmal, erzählt er, wenn der Wind richtig stehe, dann höre der ihn auch noch in seinem Rausch. »Es passiert nicht immer, das kann ich euch versprechen.«

Wir haben Glück. Der Nachtwächter öffnet das Tor, und wir gehen in unserer feinen Garderobe an Bord. Unter Deck liegen die Kabinen von Scott und seiner Mannschaft. Koje, Schreibtisch, Schrank und Bücherregal, schmucklos, aber erstaunlich geräumig. »Die sind größer als unsere«, ruft Volker von backbord herüber. Natürlich weiß ich, dass wir keine Expedition sind, dass wir ein paar luxuriöse Tage in den Highlands verbracht haben, nicht zwei Jahre im ewigen Eis, und dass es der viele Wein vom Dinner ist, der mich sentimental macht: Aber in diesem Moment kann ich nicht anders, als in der »Discovery« und dem Royal Scotsman ganz entfernte Verwandte zu erkennen. Einer hat seinen Heimathafen gefunden, der andere ist noch unterwegs.

Und dann tanzen wir auf dem Bahnsteig. Das hat Tradition im Scotsman, denn weil der Panoramawagen zu klein ist, müssen wir neben den Zug ausweichen. Ian geht wie immer voran und demonstriert einen Scheunentanz namens »Strip The Willow«, bei dem Mann und Frau umeinander kreisen. Mir fehlt die Partnerin, also haste ich in den Zug und frage Sylwia, ob sie dabei ist. »Nun, sollen wir?«, antwortet sie nur. Schnell zurück aufs Gleis und rein ins Getümmel, Gemma ist ebenfalls mit von der Partie, Joy und Bob auch, Leslie und Brian sowieso, und so drehen wir uns freudetrunken auf Gleis 3 in Dundee, stehen ganz zum Schluss händchenhaltend im Kreis und schmettern den Klassiker »Auld Lang Syne«. Vor allem die Schotten und Amerikaner singen voller Inbrunst, aber auch ich summe selig mit, bis wir einander loslassen und wieder in den Zug steigen. Ein letztes Mal.

Volker Renner und Kalle Harberg *würden gerne dieses Forum nutzen, um nochmal bei ihren Adoptiveltern in spe nachzufragen: Treffen wir uns denn jetzt nächstes Jahr in Australien?*

UND LOS!

Start in Edinburgh und zurück – dazwischen geht es zu den Highlights in den Highlands

Eine Woche durch Schottland hat Lernidee Erlebnisreisen im Programm – darunter vier Tage mit dem Royal Scotsman, der in Edinburgh abfährt und wieder ankommt (7 Tage ab ca. 7440 Euro pro Person).
lernidee.de

FOOD: Peter Niemann & Denis Jahn, Hotel Hohenhaus
SCHWARZWURZEL: Demetergärtnerei Ina Tröll, Herleshausen
BIOLAND-HAHN: Familie Zimmermann, Willershausen
KRÄUTER: Gut Hohenhaus
FOTO: Thorsten Pross, Leipzig

»ALS ÄRZTIN AN BORD HABE ICH IMMER BEREITSCHAFT«

Diabetes, Glaukom, Herzprobleme: Luxuszüge fahren häufig durch Länder, in denen das Gesundheitssystem so gar nicht luxuriös wirkt – um so besser, wenn eine Ärztin oder ein Arzt dabei ist. Wir haben mit einer Bordärztin darüber gesprochen, was sie alles in der Tasche hat und warum es mal richtig heikel wurde

TEXT **BURKHARD MARIA ZIMMERMANN** ILLUSTRATION **P. M. HOFFMANN**

Dr. Sabine Braumann
bekommt als Allgemeinmedizinerin in einer Gemeinschaftspraxis in Hannover täglich die unterschiedlichsten Krankheiten zu sehen: gute Ausgangsbedingungen, um für die unvorhersehbaren Probleme auf einer Zugfahrt im Ausland gewappnet zu sein. Neben ihrer Tätigkeit in der Praxis betreut sie regelmäßg schwerstkranke Menschen zu Hause und im Hospiz Luise in Hannover.

MERIAN: Seit wann sind Sie als Bordärztin unterwegs?

DR. SABINE BRAUMANN: Meine erste Reise war 2010 mit der Bagdad-Bahn von Istanbul nach Damaskus – eine faszinierende Reise. Vor allem Aleppo mit seiner Zitadelle und den jahrtausendealten Souks war beeindruckend, und es blutet mir das Herz, wenn ich heute Bilder von den Zerstörungen dort sehe. In Syrien gab es früher Säulenheilige, die über Jahre hinweg auf so einer Säule gelebt haben, die Reste dieser Säulen stehen noch. Wir waren auch in Kappadokien, dort durfte ich an einer Ballonfahrt teilnehmen, das war überirdisch schön: Dort stehen bizarr geformte Türme aus natürlichem Gestein, in einigen liegen kleine frühchristliche Kirchen, die hier aus dem Stein gehauen wurden. Später bin ich mehrere Jahre einmal pro Jahr in verschiedenen Zügen durch Namibia gefahren und einmal mit dem unglaublich luxuriösen Rovos Rail von Kapstadt nach Dar es Salaam.

Warum ist auf den Reisen überhaupt eine Ärztin mit an Bord?

Das ist ein zusätzlicher Service für die Reisenden: Viele der Teilnehmenden sind schon über 60, einige auch um die 80, und das ist ein Alter, in dem Menschen nun einmal häufiger erkranken. Da ist es sehr beruhigend, wenn eine Ärztin oder ein Arzt mit an Bord ist und wenn diese Person Deutsch spricht.

Manche Menschen stellen sich das vielleicht ein bisschen wie Urlaub vor…

Die Reisen, die ich mit Lernidee mache, sind wunderschön, aber für mich ist das kein Urlaub, denn ich bin da beruflich im Einsatz. Man ist als Ärztin auf einem Zug immer 24 Stunden am Tag im Bereitschaftsdienst, und das ist durchaus fordernd. Manche Tagestouren gehen morgens um sechs Uhr los, und da bin ich dann natürlich dabei für den Fall, dass etwas passiert. Organisatorisch gehöre ich eher zum Team der Reiseleitung, aber ich setze mich auch immer mal wieder zu den Fahrgästen an den Tisch und unterhalte mich mit ihnen. Das wird oft sehr geschätzt und gibt den Reisenden ein gutes Gefühl – und es gibt mir einen guten Eindruck davon, wie es ihnen geht und in welcher Verfassung sie sind.

Welche Krankheiten spielen auf diesen Reisen häufig eine Rolle?

Mit vielen der Probleme bin ich aus meiner hausärztlichen Praxis gut vertraut: Rückenschmerzen, Erkältungen, kleinere Verletzungen – das sind Erkrankungen des Alltags, die auch auf solchen Reisen immer wieder auftreten. Klassiker sind auch Durchfall und Verstopfung, wobei Männer nach meiner Beobachtung eher zu Durchfall neigen, Frauen eher zu Verstopfung. Manchmal gibt es kleine Unfälle: Einmal hat sich jemand beim Teekochen heißes Wasser auf den Fuß geschüttet und hatte eine riesige Brandblase auf dem Vorfuß, aber für so was habe ich natürlich Verbandmaterial im Koffer. Ich konnte ihn dann so gut versorgen, dass er auf keine Ausflüge verzichten musste.

Gab's auch mal heikle Fälle?

Ich hatte auf einer Reise durch Namibia eine 85-jährige Patientin mit einer Herzerkrankung, und deren Kardiologe hatte vor der Reise die Medikamente umgestellt, das ist grundsätzlich schon mal ein

»WUNDEN NÄHT MAN KAUM NOCH, DAFÜR GIBT ES SPEZIELLE KLEBESTREIFEN«

schlechter Zeitpunkt – *never change a running system!* Dieser Frau ging es vor der Reise schon nicht gut, aber sie wollte auf das Erlebnis nicht verzichten, und sie hatte auch ihren Kindern nicht davon erzählt, weil sie Angst hatte, die würden sie sonst nicht losfahren lassen. Auf der Reise bekam sie dann eine hochgradige Herzinsuffizienz: Sie schlief viel, und ihre Beine wurden durch Wassereinlagerungen immer dicker, und irgendwann habe ich sie angesprochen und sie gefragt, wie es ihr geht. Da sagte sie: »Mir geht es beschissen«, das war eine überraschende Aussage, denn eigentlich war sie eine eher elegante Dame, die so nicht redet. An ihr habe ich dann wirklich gearbeitet. Viele Medikamente, die sie brauchte, hatte ich dabei, aber wir mussten dann noch in Swakopmund eine Apotheke aufsuchen – mit meinem internationalen Arztausweis konnte ich dort die Mittel kaufen, die sie brauchte, und durch die entwässernden Medikamente konnte sie nach und nach wieder besser atmen. Normalerweise braucht man für so etwas ein Labor, um Blutsalze kontrollieren zu können, aber das hatte ich natürlich nicht, also musste es so gehen. Die Patientin musste die Reise verkürzen, aber sie musste sie nicht abbrechen. Und es hätte viel schlimmer kommen können. Wenn keine Ärztin an Bord gewesen wäre, dann hätte sie das vielleicht nicht überlebt.

Was ist denn in Ihrer Tasche sonst noch so drin?

Eigentlich alles: Medikamente für Bluthochdruck, Überwässerung, Antibiotika für alle möglichen Infekte und verschiedene Schmerzmittel. Was ich auch immer dabei habe, ist eine Creme zur Befeuchtung der Schleimhäute in der Nase, denn in der Wüste bekommt man sehr oft trockene Nasenschleimhäute. Auch Augentropfen für ein akutes Glaukom habe ich dabei, falls Menschen plötzlich einen grünen Star bekommen. An Instrumenten habe ich relativ wenig: Ein Stethoskop, einen Ohrenspiegel, eine Lampe – aber Instrumente für Operationen habe ich nicht dabei. Wobei der Rovos Train extrem gut ausgestattet ist, der hat sogar einen Operationssaal an Bord, aber das würde ich nicht machen, ich bin ja keine Chirurgin, das wäre zu riskant. Wunden näht man heute kaum noch, sondern man verwendet Steristrips – das sind spezielle Klebestreifen, die eine Wunde sauber und einfach zusammenhalten, ohne dass man später Fäden ziehen muss, die habe ich dabei...

Welches Erlebnis war für Sie besonders ungewöhnlich?

Einmal habe ich auf einer der Reisen in Afrika eine Friseurin kennengelernt, die war schon über 80 und hatte bis vor Kurzem noch ihren Salon selbst geleitet, der Mann war schon längst in Rente. Sie hatte sich das Geld für diese Reise zusammengespart, denn sie wollte ihr Leben lang echte Elefanten in Freiheit sehen. Irgendwann hatte sie starke Übelkeit, und ich habe ihr dann eine Spritze dagegen gegeben, die hat auch gut gewirkt, und dann wollte sie mir die bezahlen. Ich habe gesagt, Quatsch, da brauchen Sie mir doch nichts für zu geben, aber zu einem Glas Wein können Sie mich mal einladen. Als es ihr wieder besser ging und wir das nächste Mal in einer Lodge waren, haben die beiden mich also eingeladen mit den Worten: »Frau Doktor, heute ist Zahltag!« Vielleicht wurden es dann doch zwei Gläser oder so, und es kam, wie es kommen musste: Ausgerechnet an diesem Abend, an dem ich nicht mehr ganz so fokussiert war, bemerkte ein Mathematikprofessor mit einem insulinpflichtigen Diabetes in seinem Hotel, dass er keine Nadeln für seinen Pen in seinem kleinen Gepäck dabei hatte, sondern im Zug gelassen hatte. Ich habe natürlich nicht Nadeln für jeden Insulinpen dabei, aber eine Insulinspritze hatte ich, also habe ich ihm gesagt: Wir können jetzt aus ihrem Pen ein paar Einheiten herausholen, die müssen wir aber umrechnen in Milliliter, denn ich muss ja die Spritze richtig aufziehen. Gleichzeitig dachte ich, Mist, muss ich ausgerechnet an diesem Abend noch Dreisatz machen, das kann ich doch nüchtern schon kaum. Der Patient wollte sich einen Milliliter spritzen, aber ich sagte: »Das kann doch nicht sein – die Patrone enthält drei Milliliter, das sind 100 Einheiten, aber Sie wollen nur zehn Einheiten. Also wollen Sie nicht einen Milliliter, sondern 0,3 Milliliter!« Danach habe ich gedacht: Mensch, ich kann doch nach ein paar Gläsern Wein noch besser rechnen als dieser Mathematikprofessor. Der Patient hat gelacht und sich darüber gefreut, dass wir sein Problem lösen konnten.

Passiert auch manchmal nichts?

Ja, meistens sogar, beruhigenderweise. Oft unterhalte ich mich mit den Reisenden, und die erzählen mir von ihren Krankheiten und stellen mir dazu Fragen, und die beantworte ich auch gern. Ich mag meinen Beruf halt.

Wie können sich Reisende auf so eine Reise vorbereiten?

Es ist gut, vorher mit einer Fachärztin für Reisemedizin oder mindestens mit dem Hausarzt darüber zu sprechen, welche Vorbereitung das Reiseziel erfordert: Sind bestimmte Impfungen wichtig? Welche Medikamente brauche ich? Gibt es geografische Besonderheiten wie besonders hohe Lagen, die mich sehr fordern? Nehme ich Psychopharmaka, über die ich mit meiner Ärztin oder meinem Arzt sprechen muss? Wer sich so vorbereitet, kann auch als älterer Mensch mit gutem Gefühl reisen. ■

GANZ NEUE AUSSICHTEN

Sie haben Ihr Ziel erreicht

Ist unter dieser adretten Gesichtsbehaarung ein Lächeln versteckt? Verständlich wär's: Die ersten Impulse für eine Eisenbahn, die quer durchs Land führen sollte, gingen zwar zurück auf den russischen Zaren Alexander III. – doch im Jahr 1892 wurde das Planungskomitee der Sibirischen Eisenbahn ins Leben gerufen, die Leitung hatte der spätere Zar Nikolaus II. Das machte ihn zu einer der treibenden Kräfte hinter dem Mammutprojekt, das 1916 abgeschlossen wurde und wesentlich zur industriellen Entwicklung des Landes beitrug. Auf diesem Foto schaut Nikolaus II. aus einem der Waggons, zu beiden Seiten eingerahmt vom Wappen des Zaren. Leider hatte er wenig Zeit, seinen Erfolg zu genießen, er wurde 1918 gemeinsam mit seiner Familie in Jekaterinburg ermordet.

DIE TRANSSIBIRISCHE EISENBAHN

Die »Transsib« ist die wichtigste Eisenbahnroute in Russland: Durch sieben Zeitzonen und über eine **Strecke von über 9000 Kilometern** führt sie von Moskau bis nach Wladiwostok an der Pazifikküste, vorbei an den Gebirgen des Urals und den dunklen Wäldern Sibiriens. Ihr Bau war eine riesige technische Leistung, eine nationale Anstrengung – und der ganze Stolz der Sowjetunion

Eine Klasse für sich

Es gibt die Züge für gewöhnliche Reisende, und es gibt den »Zarengold« – der für Touristen bestimmte Zug bietet eine Ausstattung und einen persönlichen Service, die weit über dem Niveau der regulären Züge liegen. Dazu gehören Schlafabteile in unterschiedlichen Komfortkategorien, Restaurants mit anspruchsvoller Küche und regelmäßige Informationsveranstaltungen.

FOTOS: FINE ART IMAGES/INTERFOTO, AXEL HEUMISCH/LERNIDEE ERLEBNISREISEN, ROSS HILLIER/LERNIDEE ERLEBNISREISEN

Farben bekennen

Dieser Speisewagen fährt auf dem Abschnitt der Transsibirischen Eisenbahn, der durch die Mongolei führt, womöglich ist seine ungewöhnliche Gestaltung von der Kultur des Landes mit seinen farbstarken buddhistischen Tempeln geprägt. Die Transmongolische Eisenbahn bietet einen Komfort, der außerhalb der Hauptstadt Ulan-Bator nur selten anzutreffen ist. Die Wege sind auf dem Land oft nur schlecht oder gar nicht ausgebaut, Geschäfte gibt es kaum und das Klima ist oft fordernd – Ulan-Bator gilt als Hauptstadt mit den niedrigsten Temperaturen der Welt.

Strategischer wohnen

Dieses Bild, das um das Jahr 1900 herum entstanden ist, zeigt Siedlerinnen und Siedler, die an einem Bahnhof angekommen sind, vermutlich in Sibirien. Östlich des Urals waren Bestrebungen nach einer Abspaltung von Russland entstanden, und die Umsiedlung von Bäuerinnen und Bauern aus europäischen Gebieten des Landes sollte solche separatistischen Tendenzen eindämmen. Ziel war es auch, Rohstoffe in Sibirien leichter zu erschließen, die Industrie auszuweiten und sich so neue Märkte zu öffnen.

FOTOS: MBRPHOTO/SHUTTERSTOCK, TASS/DPA PICTURE-ALLIANCE, HULTON ARCHIVE/GETTY IMAGES, FINE ART IMAGES/INTERFOTO

Volle Muskelkraft voraus

Zu Spitzenzeiten arbeiteten über 100000 Menschen gleichzeitig am Bau der Trassen – wie diese Arbeiter um 1899 in der Region von Krasnojarsk. Vermutlich saß ihnen die Nachfrage im Nacken, denn die Zahl der Reisenden stieg stetig: 1897 waren erst Teile der Strecken fertig, aber die wurden schon von rund 600000 Passagieren genutzt, im Jahr 1900 waren es bereits mehr als eine Million, zehn Jahre später hatte sich die Zahl verdreifacht. Schon 1903 konnte man zwar die gesamte Strecke durchfahren, aber da wurde der Zug noch mit einer Fähre über den Baikalsee gefahren. Erst ab 1902 wurde der Weg durch die Felsen am Ufer des Sees freigesprengt, es entstanden 39 Tunnel, insgesamt sieben Kilometer lang. Ab 1916 galt die Transsib als vollständig fertiggestellt.

Ein Schlüsselerlebnis

Peter Carl Fabergé, 1846 in Sankt Petersburg geboren, war der Sohn eines Juweliers mit französischen Vorfahren, er schuf 1900 dieses weltberühmte Fabergé-Ei: gute 27 Zentimeter hoch, umspannt von einem silbernen Band mit eingraviertem Verlauf der Strecke von Moskau nach Wladiwostok. Zum Ei gehört ein goldener Zug, davor eine Lok aus Platin mit Rubinen als Scheinwerfer; die Lok lässt sich mit einem güldenen Schlüssel aufziehen und fährt sogar. Das aparte Konstrukt steht in der Schatzkammer des Kreml.

Unendliche Weiden

Die Mongolei ist seit 1924 ein eigenständiger Staat, das Leben außerhalb seiner Hauptstadt Ulan-Bator ist zwar karg, aber voller Schönheit: Wer mit dem Zug fährt, bekommt vor allem die Steppen zu sehen und erhascht vielleicht manchmal einen Blick auf das nomadisch geprägte Leben der Menschen. All das erlebt man jedoch nur aus der Ferne, darum empfehlen Reiseanbieter häufig, in Ulan-Bator einen Zwischenhalt zu machen und einen Ausflug ins Umland zu buchen, um dort das Leben der Einheimischen mit ihren Kamel- und Pferdeherden kennenzulernen – die Menschen wirken mitunter etwas gleichgültig, doch die Stimmung wird oft herzlicher, wenn Reisende eine Familie zu Hause besuchen und vielleicht sogar eine Nacht in einer Jurte verbringen. Häufig liegen solche Ausflugsziele nur wenige Autostunden von Ulan-Bator entfernt. Auch die Berge mit ihren Wiesen, auf denen Edelweiß und Enzian leuchten, sind ein Ausflugsziel, für das es sich lohnt, die Reise ein paar Tage zu unterbrechen.

FOTOS: ROSS HILLIER/LERNIDEE ERLEBNISREISEN, ARHSIB/ALAMY, DE AGOSTINI/GETTY IMAGES

Ware, Größe

Der Bahnhof von Nowosibirsk ist einer der wichtigsten an der Transsib und steht stellvertretend für die Bedeutung der Stadt: Sie gilt als die Hauptstadt Sibiriens und als wichtiger Knotenpunkt für den Verkehr in der Umgebung. Die Stadt ist 1893 am Fluss Ob gegründet worden und entwickelte sich so schnell, dass sie mitunter als »Chicago Sibiriens« bezeichnet wurde. Ab 1925 war sie ein bedeutsames Zentrum für die Verwaltung der Region, in den sechziger Jahren wurde sie zur ersten Stadt in Sibirien mit mehr als einer Million Einwohnerinnen und Einwohnern. Heute sind in Nowosibirsk und den Vororten mehr als 30 Universitäten und Hochschulen angesiedelt, die Stadt ist ein wichtiger Ort für Messen und Finanzen.

Der Glaube fährt mit

Das Osterfest hat in der russisch-orthodoxen Kirche eine große Bedeutung, und so erstaunt es nicht, dass sich auf diesem um 1905 entstandenen Foto viele Menschen zum Ostersegen versammelt haben. Als Kirche dient ein besonders gestalteter Waggon, deutlich an dem Kreuz über dem Giebel zu erkennen; rechts sieht man eine Lok, aus deren Schornstein weißer Dampf aufsteigt. Anscheinend gab es in den Zügen nicht selten eine Kapelle mit einem Altar, damit Reisende sich zum Gebet zurückziehen konnten.

Der Prunk lebt

Geraffte Vorhänge, bedeckt von gerafften Vorhängen, Stuck, eingefasst von noch mehr Stuck: Der russische Gestaltungsstil ist nicht für seine Zurückhaltung berühmt, man steht möglichen Konflikten aus Farben, Mustern und Materialien häufig unerschrocken oder sogar aufgeschlossen gegenüber. Im Sonderzug »Zarengold« befinden sich mehrere Restaurants, in denen herzhafte russische Küche serviert wird, und eine Bar, die vermutlich nicht weniger herzhafte Getränke auf der Karte führt. Einige der Schlafabteile stammen noch aus Sowjetzeiten und waren ursprünglich für Staatsgäste aus dem Ausland und für wichtige Angestellte der Regierung hergerichtet worden. Stil: wie ein Joint Venture von Harald Glööckler und Möbel Kraft.

Essen auf Rädern

Bahnhofsgastronomie bedeutet in jedem Land etwas anderes: Deutschland hat Ditsch, Großbritannien hat Pret, Polen hat Żabka – und Russland hat Hausfrauen, die Getränke und kleine Gerichte aus alten Kinderwagen verkaufen, wie an diesem Bahnhof in einer kleinen Stadt in Sibirien. Es ist vielleicht eine Erwähnung wert, dass in Russland nicht überall Hygienestandards eingehalten werden, die jenen in Mitteleuropa entsprechen; oft ist man mit dem Motto »cook it, peel it or forget it« gut beraten. Wir sagen's ja nur.

FOTOS: IVAN SHAPOVALOV/LERNIDEE ERLEBNISREISEN, OLAF MEINHARDT/VISUM, COURTESY GERALD R. FORD LIBRARY, MUSEUM FOLKWANG ESSEN/ARTOTHEK

Towarischtsch, my dear!

Natürlich wollten die Sowjets ein bisschen zeigen, was sie haben, als US-Außenminister Henry Kissinger (ganz links) und Präsident Gerald Ford (2. v. l.) im Jahr 1974 zu Rüstungskontrollverhandlungen nach Russland flogen. Und so fuhr das sowjetische Staatsoberhaupt Leonid Breschnew (2. v. r.) im noblen Regierungszug auf den Gleisen der Transsibirischen Eisenbahn mit ihnen von Moskau in Richtung Wladiwostok, wo man zu tagen gedachte. Wollte Breschnew im Zug reisen, weil man den nicht ohne Weiteres verlassen kann? Wenn sich die Gelegenheit ergab, steckten Ford und Kissinger manchmal mit ihrem Team für die Strategieplanung draußen bei minus 20 Grad die Köpfe zusammen, weil sie nicht wussten, ob sie in geschlossenen Räumen abgehört werden. Better safe than sorry.

Willkommen, bienvenue, welcome

Ging es um Devisen? Wollte man stolz seine Ingenieurleistungen zeigen und internationale Reputation pflegen? Das staatliche sowjetische Reisebüro Intourist wickelte alle Buchungen von Reisenden aus dem Ausland ab und warb mit Plakaten auf Deutsch, Englisch und Französisch um Touristinnen und Touristen aus aller Welt – dieses schöne französischsprachige Exemplar befindet sich im Fundus des Museums Folkwang in Essen.

WENN DIE BABUSCHKA FRAGT, OB SIE IHR HAUS ZEIGEN DARF

Gefrorene Milch, wunderschöne mongolische Gebirge und Peking auf eigene Faust: **Hans Engberding** kennt die Transsibirische Eisenbahn wie kaum ein anderer

Hans Engberding, *70, hat Lernidee Erlebnisreisen im Jahr 1986 gegründet: Aus dem Spezialisten für Sprachreisen wurde ein Anbieter von weltweiten Premium-Zugreisen und Kreuzfahrten*

MERIAN: Auf Ihren Reisen mit der Transsibirischen Eisenbahn von Moskau bis Peking hat man viel Gelegenheit, sich Städte anzuschauen und dort Menschen zu treffen. Wo hält man an?

HANS ENGBERDING: Wichtige Zwischenstopps sind Kasan, Jekaterinburg und Nowosibirsk, außerdem Omsk, Krasnojarsk und Ulan-Ude. In allen Orten führen wir die Reisenden durch die Stadt und erläutern ihre Kultur und Geschichte.

Kasan ist im Westen wenig bekannt – was macht man dort?

Kasan ist eine Stadt an der Wolga mit großer kultureller Vielfalt, etwa die Hälfte der Bevölkerung ist muslimisch. Ihre Zitadelle aus dem 16. Jahrhundert gehört zum UNESCO-Weltkulturerbe.

Kommt es vor, dass Kunden im Winter durch Sibirien fahren wollen?

Ja, und der Winter hat auch eine Schönheit: Es ist von November bis Februar kalt, aber mit Sonne und klarem Himmel. Die Bauern schütten ihre Milch in einen Eimer und stellen einen Stock rein, der Kunde trägt dann die gefrorene Milch am Stock nach Hause. Auf dem überfrorenen Baikalsee kann man im Winter einzigartige Ausflüge machen: Im Radio wird ab Januar erklärt, bis zu welchem Gewicht eines Fahrzeugs der See passierbar ist – wir haben das früher mit einem Kleinbus gemacht, heute fahren wir mit Luftkissenbooten über das Eis. Es ist halt doch sicherer.

Wie ist das Leben für die Menschen dort?

Viele der Dörfer dort sind winzig, da leben oft nur 50 Menschen. Wenn unser Zug in so einem kleinen Ort hält, dann kommt manchmal eine alte Babuschka und fragt, ob sie den Gästen ihr Haus zeigen darf, und am Schluss hält sie ihre Schürze auf und bekommt ein Trinkgeld. Für die Reisenden ist das oft ein Besuch in einer anderen Welt, und es ist auch ein Besuch in einer anderen Zeit, denn die Menschen dort leben zum Teil noch wie vor 100 Jahren: Diese Frauen wohnen häufig in alten Holzhäusern, darin steht ein großer Ofen, auf dem die Babuschka auch schlafen kann, fließendes Wasser gibt es nicht.

Werden die Deutschen gemocht?

Ja, die gemeinsame Geschichte geht weit zurück, viele russische Wörter kommen aus dem Deutschen: Estland gehörte zur Zarenzeit zum Deutsch-Baltikum, von der Universität dort kamen viele Minister des russischen Reiches. Auch der Sozialismus spielt eine Rolle, Karl Marx war nun mal Deutscher – rund 40 Prozent der Menschen in Russland sagen, dass das Leben im Sozialismus besser war.

Die vermutlich wichtigste Stadt in der Mongolei ist Ulan-Bator: Was erwartet die Reisenden dort?

Es ist eine raue Stadt, in der die Leute mit dem Auto fahren, als wären sie gestern erst vom Pferd auf den SUV umgestiegen. Aber in der Nähe von Ulan-Bator liegt die »Mongolische Schweiz«, eine wunderschöne Berglandschaft, und die entschädigt für alle Entbehrungen in dieser Region: In den Dörfern dort gibt es einfach nichts – da verkauft ein kleiner Laden vielleicht Reis, Streichhölzer und Petroleum, das war's. Man erlebt auf dieser Reise viele Kontraste zwischen dem wohlhabenden Moskau, armen Dörfern und der Abgeschiedenheit der Mongolei, und das wird oft als herausfordernd, aber auch als bereichernd empfunden. Viele Reisende sagen danach: So eine intensive Reise habe ich noch nicht erlebt.

Bis wo fährt der Zug?

Wir fahren bis in die Mongolei, an der Grenze zu China enden die Gleise in unserer Spurbreite. Also wechseln wir den Zug und fahren von hier die letzten 600 Kilometer weiter bis nach Peking: Dort machen wir eine Stadtrundfahrt, besuchen die Große Mauer und den Himmelstempel. In Peking kann es auch schön sein, die Stadt auf eigene Faust zu erkunden: Seit den Olympischen Spielen 2022 ist in der U-Bahn vieles auf Englisch beschildert, man kommt leichter klar als früher. ■

Immer die Nase vorn

Der japanische Shinkansen ist ein Zug, wie er sein soll: Pfeilschnell, blitzeblank und stets auf die Minute pünktlich. Damit steht er stellvertretend für das durchdachte und funktionierende Bahnsystem Japans – und für den Glauben an ein besseres Leben durch die Verheißungen des Fortschritts

TEXT **PHILIPP LAAGE**

Sie werden »Bullet Trains« genannt, Züge wie Geschosse. Mit bis zu 320 Stundenkilometern verkehren sie zwischen den wichtigsten Metropolen Japans. Legendär ist ihre Pünktlichkeit: Der Tokaido-Shinkansen auf der am stärksten frequentierten Strecke des Landes kam 2020 auf eine Verspätung von durchschnittlich 30 Sekunden, während bei der Deutschen Bahn bis zu 5:59 Minuten durchaus noch als pünktlich durchgehen. Bei einer Verzögerung von mehr als einer Minute entschuldigt sich der Schaffner bei den Fahrgästen. Das gehört zur japanischen Wesensart.

Manche sehen auch historische Gründe. Die »kaiserliche Pünktlichkeit« wird darauf zurückgeführt, dass die einstigen Sonderzüge für das Kaiserpaar sich strikt an den Zeitplan zu halten hatten. Als der Kaiser 1928 nach Kyoto reiste, war der Zug keine Sekunde zu spät.

Es braucht schon eine handfeste Naturkatastrophe wie ein Erdbeben, damit ein Shinkansen überhaupt einmal ausfällt. Als ein Zug im Jahr 2004 nach einem Beben aus der Spur sprang, waren die Japaner schockiert, wenngleich niemand zu Schaden gekommen war. Der Shinkansen ist der Stolz der Nation, ein Symbol für das Versprechen des Fortschritts, der die Menschheit in eine noch immer optimistisch erwartete Zukunft befördern möge. Zeit- und Effizienzgewinn als Schubkräfte des Kapitalismus. Wie ein Sinnbild steht der Shinkansen für den Aufstieg Japans zur führenden Industrienation, zu einem sagenhaften Hightech-Land, das westliche Reisende als Schaufenster der Hypermoderne bis heute fasziniert.

Penibel Eines ist sicher bei diesem Shinkansen, der am Mount Fuji vorbeirauscht: Am Ziel wird ein Mitarbeiter der Zuggesellschaft die Pünktlichkeit überwachen

FOTOS: OKA/ADOBE STOCK, MARKUS KIRCHGESSNER

Der Erfolg des Shinkansen und sein internationales Renommee beruhen auf einer ganzen Reihe überaus cleverer Entscheidungen: Der Schnellzug wurde in Japan auf eigene Gleise gebaut und dadurch getrennt vom Netz für den Nah- und Güterverkehr, auch wenn das die Baukosten zunächst verteuerte. Die deutschen Fernzüge dagegen werden im bestehenden Schienennetz zuverlässig ausgebremst, Verspätungen sind die Folge. Der Shinkansen rauscht außerdem mit einer relativ konstant hohen Geschwindigkeit durch Tunnel und über Brücken, und das in einem Land, das zu einem großen Teil aus Gebirgen besteht. Die Wartung der hoch standardisierten Züge ist erstaunlich einfach, und die großen japanischen Bahnunternehmen unterhalten eigene Forschungslabore, um die Technik regelmäßig zu optimieren.

Als Fahrgast fällt einem sofort auf, dass die Sauberkeit der Waggons ihresgleichen sucht. Alles funktioniert tadellos. Eine Toilettenkabine bleibt – wie so oft im ICE – einfach gesperrt? In Japan wäre das undenkbar. Die Mitarbeiterinnen und Mitarbeiter sind ausnahmslos freundlich. Sie müssen sich keiner unbeholfenen Ironie bedienen, wie man sie vom Personal in deutschen Zügen kennt, wenn mal wieder etwas schief geht. Denn dazu kommt es erst gar nicht.

Die erste Shinkansen-Strecke eröffnete am 1. Oktober 1964 zwischen Tokio und Osaka, rund 515 Kilometer, die heute in zweieinhalb Stunden bewältigt werden. Seit der Premierenfahrt ist kein einziger Fahrgast bei einem Unfall gestorben. Bis heute gilt der Shinkansen als sicherster Hochgeschwindigkeitszug der Welt. Sein Erfolg inspirierte andere Nationen, eigene Schnellzüge zu entwickeln. Die Franzosen bauten den TGV, Deutschland legte den Intercity Express auf. Japan exportierte seine erfolgreiche Technologie in viele Länder der Welt.

In den Jahrzehnten nach der Premierenfahrt wurden immer wieder neue Baureihen aufgelegt, die Züge weiterentwickelt. Nicht alles lief dabei reibungslos: Ende der 1980er Jahre beschloss die Regierung, die Staatsbahn aufgrund des immensen Kostendrucks zu privatisieren. In den 1990er Jahren dann konnten viele Strecken verlängert werden. Heute sind die Shinkansen immer noch das Rückgrat des japanischen Verkehrswesens. Im Vor-Corona-Jahr 2019 zählten die Highspeed-Züge von Japan Railways (JR) insgesamt 370 Millionen Passagiere.

Doch der Shinkansen rauscht durch ein überaltertes und hochverschuldetes Land, das seinen Zenit überschritten zu haben scheint. Natürlich, Japan ist noch reich. Aber die Wirtschaft stagniert, das Wachstum ist erlahmt. Der Leitindex Nikkei 225 erreichte nach dem Crash der Aktienmärkte Ende der 1980er Jahre nie wieder seinen alten Höchststand.

Höher, schneller, weiter: So sah man auch in Japan lange die Zukunft, symbolisiert durch den Shinkansen. Eigentlich sollte 2027 die neue Magnetschwebebahn Maglev zwischen Tokio und Nagoya eröffnen und beide Städte mit 500 km/h verbinden. Doch es gibt Umweltbedenken. Die Präfektur Shizuoka befürchtet, dass sich der Wasserstand eines wichtigen Flusses in der Region absenken könnte, mit Folgen für die Bauern. Das Projekt soll nun erst einmal neu bewertet werden, der alte Zeitplan ist nicht mehr einzuhalten. Der Siegeszug des ungebremsten Fortschritts ist ins Stocken geraten. Sogar in Japan.

DIE WELT PER ZUG ENTDECKEN

10 KLASSIKER UND 10 GEHEIMTIPPS

Zusammengestellt von den Zugreisen-Experten von Lernidee Erlebnisreisen

Die Welt per Zug entdecken! So lautet das Motto des Spezialveranstalters Lernidee Erlebnisreisen, der seit über 35 Jahren außergewöhnliche Schienen-Kreuzfahrten anbietet – mit exklusiven Zügen auf legendären Routen weltweit.

Die Reise-Arrangements von Lernidee zeichnen sich dadurch aus, dass die Gäste von einer Experten-Reiseleitung, freundlichem Service-Personal und oft auch einem Bordarzt begleitet und betreut werden.

Es geht bei den Lernidee-Zugreisen nicht um den schnöden Transport von A nach B, sondern um das entspannte Erfahren von Landschaften und Kulturen. Der Clou: Zahlreiche Ausflüge zu spannenden Orten, exzellente Mahlzeiten, die komfortablen Übernachtungen und ein umfangreiches Versicherungs-Paket sind bereits im Reisepreis enthalten.

Die 10 größten Zugreisen-Klassiker

1 **Sagenhafte Seidenstraße** Die berühmteste Handelsroute der Welt entdeckt man besonders umfassend und komfortabel mit dem Sonderzug Orient Silk Road Express.

2 **Kanada von Ost nach West** Mit den Zug-Legenden Rocky Mountaineer und Canadian geht es von Toronto an den Großen Seen durch die Rocky Mountains bis nach Vancouver.

3 **Rovos Rail: Im Luxus-Zug durch Afrika** Komfortabler lässt sich Afrika nicht erfahren! Mit dem edelsten Zug der Welt rollen Lernidee-Gäste herrlich nostalgisch von Kapstadt nach Dar Es Salaam in Tansania. Die epische Schienen-Kreuzfahrt (19 Tage, 6.000 km) krönt jede Reise-Biografie.

FOTOS: ROCKY MOUNTAINEER, ROVOS RAIL TOURS

Zugreisen à la Lernidee

GRANDIOSE PANORAMEN Ob nun Rocky Mountains, Namib-Wüste oder Baikalsee – die Reisegäste bestaunen grandiose Landschaften, deren Größe und Großartigkeit sich so komfortabel nur auf Schienen erfahren lassen. Idealerweise am Panoramafenster oder auf der rollenden Aussichtsplattform!

SORGFÄLTIG KOMPONIERTE ROUTEN Eine harmonische Mischung aus Panoramastrecken und spektakulären Stopps macht die Zugreise besonders abwechslungsreich. Weniger attraktive Strecken werden gern nachts zurückgelegt.

ZAHLREICHE AUSFLÜGE Bei den Zugreisen von Lernidee sind zahlreiche Ausflüge inklusive. So lernen die Gäste unterwegs spektakuläre Welterbe-Stätten, gastfreundliche Menschen und kulinarische Spezialitäten kennen.

UNTERHALTUNG UND ENTSPANNUNG An Bord sorgen nicht nur die grandiosen Aussichten für Kurzweil, sondern auch die informativen Vorträge und die fröhlichen Stunden im Restaurant-, Bar- oder Salon-Wagen oder auch im privaten Abteil.

KOMFORTABLE ÜBERNACHTUNGEN Vor, während und nach der Zugfahrt logieren die Gäste in ausgewählten Hotels. Wenn sie an Bord des Zuges übernachten, dann in gemütlichen Schlafabteilen, oft mit privatem Bad.

www.lernidee.de

Der Bernina Express im Albulatal
Schweiz

Der African Explorer in der Wüste
Südafrika und Namibia

Der Speisewagen des Al Ándalus
Spanien und Portugal

Abteil des Orient Silk Road Express
Seidenstraße

Safari auf Schienen mit dem Pride of Africa
von Rovos Rail

4 **African Explorer** Der aus der ARD-Serie *Verrückt nach Zug* bekannte Sonderzug verbindet Kapstadt mit Namibias Naturwundern wie Etosha-Nationalpark, Namib-Wüste und Fish River Canyon.

5 **Transsibirische Eisenbahn** Eine Fahrt auf der längsten Eisenbahnstrecke der Welt – ein Lebenstraum, den sich mehr als 30.000 Gäste mit der Sonderzugreise Zarengold erfüllt haben.

6 **Schweizer Alpen** Die Schweiz ist mit ihren berühmten Zügen und Strecken (Glacier Express, Bernina Express, Furka-Dampfbahn) Europas Eisenbahn-Eldorado Nr. 1.

7 **Deccan Odyssey: Kalkutta – Mumbai** Der beste Luxus-Zug Asiens (10 World Travel Awards) ist die komfortabelste Möglichkeit, Indiens Highlights auf einer Reise zu erleben.

8 **Spaniens Legende: Al Ándalus** Der königliche Nostalgie-Zug im Stil der Belle Époque verbindet u. a. Sevilla – Santiago de Compostela, Lissabon – Barcelona und die Höhepunkte Andalusiens.

9 **Venice Simplon-Orient-Express** Eine Zeitreise auf Schienen: Mit dem berühmtesten Zug der Welt geht es im glamourösen Stil der Goldenen Zwanziger in romantische Städte wie Paris und Venedig.

10 **Auf Schienen durch Australien** Die Weite Australiens lässt sich am besten erfahren mit den zwei Zug-Legenden Indian Pacific (Sydney – Perth) und The Ghan (Darwin – Adelaide).

FOTOS: ALBERTO G. PURAS, AXEL HEUMISCH, J. ALONSO, JULIA NIERATSCHKER, LINDSEY - STOCK.ADOBE.COM, RHÄTISCHE BAHN, ERIK SÜSSK, ROVOS RAIL TOURS, SASINT - STOCK.ADOBE.COM

Weite, Wildnis und Welterbe: Mit dem legendären Al Ándalus zu den Höhepunkten Andalusiens, dem African Explorer zu den Naturwundern Namibias oder dem luxuriösen Deccan Odyssey zum Taj Mahal

Kreuzfahrten auf Schienen – In exklusiven Zügen, mit legendären Stopps: Mit dem Desert Express zur Hassan-II.-Moschee in Casablanca, dem Rocky Mountaineer zu Kanadas Nationalparks, dem Deccan Odyssey durch Indien oder dem Hochgeschwindigkeitszug Shinkansen durch Japan

10 Zugreisen-Geheimtipps

1 **Skandinavien per Zug entdecken** In Nordeuropa kombiniert Lernidee u. a. Lappland-Express, Erzbahn, Botnia-Bahn, Bergen-Bahn und Flåmsbahn und ermöglicht so herrliche Eisenbahn-Abenteuer.

2 **Baltikum: Bezaubernde Bernsteinküste** Auf den schönsten Zugstrecken des Baltikums geht es ins barocke Vilnius, in die Hansestadt Riga und auf Zeitreise ins mittelalterliche Tallinn.

3 **Marokko: Oriental Desert Express** Der Wüsten-Express verbindet zwischen Atlas, Sahara und Atlantik gleich fünf UNESCO-Welterbe-Stätten: Fès, Marrakesch, Tetouan, Essaouira und Rabat!

4 **Kanadas Norden: Polarlichter und Eisbären** Wer mit dem Hudson Bay Express durch Kanadas Prärie, Urwälder und arktische Tundra rollt, erspäht mit etwas Glück sogar Polarlichter, Belugas und Eisbären!

5 **USA Transkontinental** Vom Atlantik zum Pazifik: Mit Amerikas Zug-Legenden California Zephyr, Southwest Chief und Coast Starlight geht es von New York City über Chicago nach Los Angeles und San Francisco.

6 **Transkaukasische Eisenbahn** Im exklusiv gecharterten Sonderzug fahren Lernidee-Gäste auf einer spektakulären Route von Baku am Kaspischen Meer über den Kaukasus nach Batumi am Schwarzen Meer.

7 **Deccan Odyssey: Südindiens Sensationen** Mit Indiens Luxus-Zug erlebt man auf der Route Chennai – Mumbai die saftig-grüne Gewürzküste, die Kardamomberge, beeindruckende Tempeltürme und Mogul-Paläste.

8 **Japan: Shinkansen und mehr** Im Zugreisen-Paradies begeistern neben dem berühmten Shinkansen-Super-Express auch Sonderzüge wie der Resort Shirakami, Sagano Scenic Railway und Fujisan View Express.

9 **Abenteuer Anden** Diese Reise kombiniert einzigartige Züge wie den Tren a las Nubes, Titicaca Explorer und Vistadome sowie zahlreiche Highlights Südamerikas zwischen Buenos Aires und Lima, darunter Titicaca-See und Machu Picchu.

10 **Auf Schienen durch Neuseeland** Neuseelands vielfältige Landschaften kann man hervorragend mit komfortablen Zügen wie Northern Explorer, Coastal Pacific und TranzAlpine erfahren – am besten im offenen Aussichtswagen.

Mit der Kollektion **Die Welt per Zug entdecken!** vereint Lernidee Erlebnisreisen fast 100 außergewöhnliche Zugreisen auf allen Kontinenten in einem großen Katalog. Darunter auch viele der hier aufgeführten Klassiker und Geheimtipps. www.lernidee.de

Der California Zephyr
Vereinigte Staaten von Amerika

Coastal Pacific
Neuseeland

Panoramawagen des Canadian
Kanada

An Bord des Titicaca Explorer
Peru

Die Lernidee-Kataloge mit allen Zugreisen, aber auch mit Schiffsreisen und weiteren Erlebnisreisen, erhalten Sie in qualifizierten Reisebüros oder direkt hier:

Lernidee Erlebnisreisen
Kurfürstenstraße 112
10787 Berlin
+49 (0) 30 786 000-0
team@lernidee.de
www.lernidee.de

AMTRAK, BLANSCAPE - STOCK.ADOBE.COM, KEDAR M DIOXIDEPHOTOGRAPHY, KIWIRAIL LIMITED, LINDAPHOTOGRAPHY - STOCK.ADOBE.COM, MITZO _ BS - STOCK.ADOBE.COM, PERURAIL, VIA RAIL CANADA

Ein Traum von einem Zug

Zwischen Granada und Linares fährt der Zug über den Puente del Hacho, die 624 Meter lange Metallbrücke wurde 1897 fertiggestellt

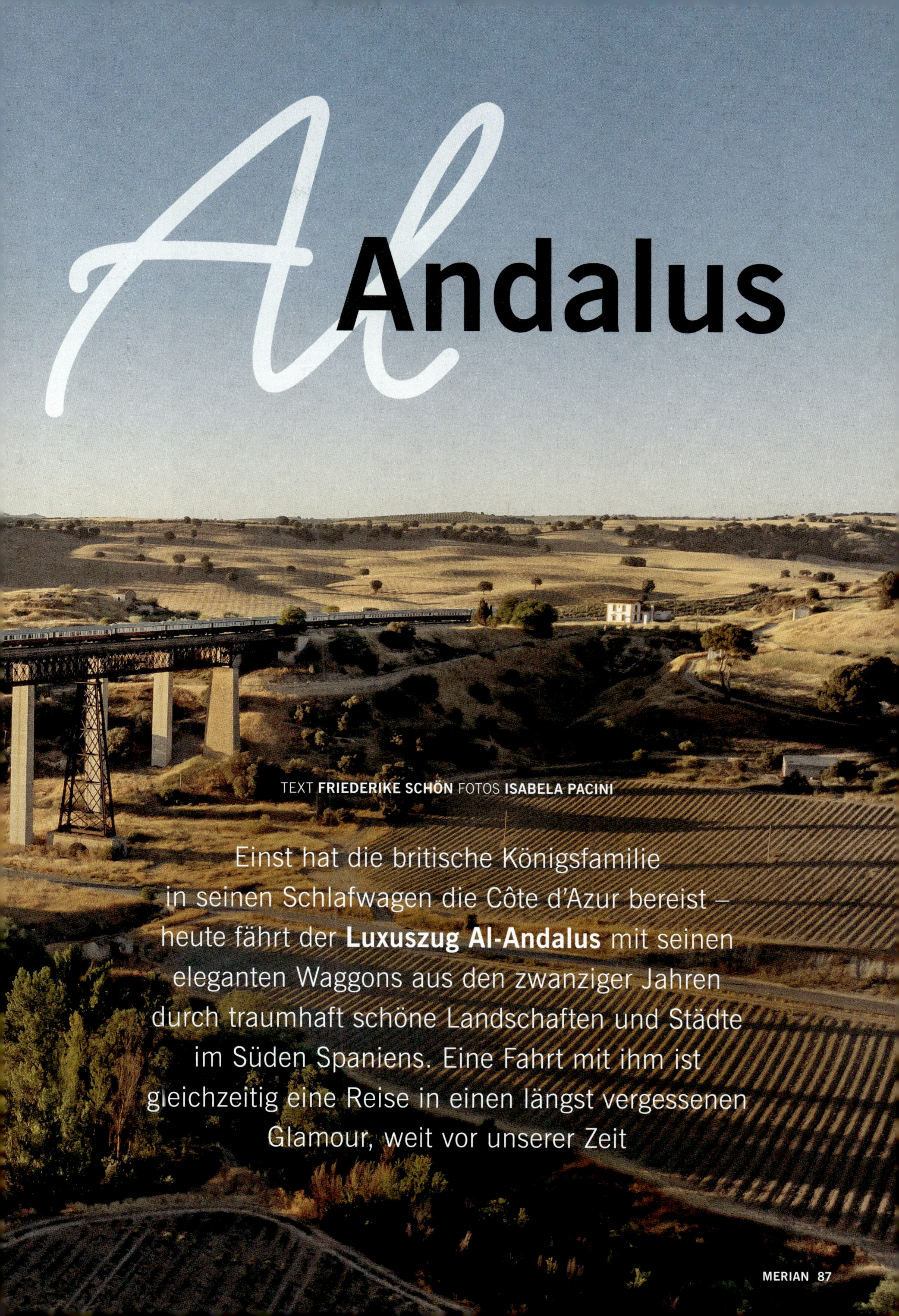

Al Andalus

TEXT **FRIEDERIKE SCHÖN** FOTOS **ISABELA PACINI**

Einst hat die britische Königsfamilie in seinen Schlafwagen die Côte d'Azur bereist – heute fährt der **Luxuszug Al-Andalus** mit seinen eleganten Waggons aus den zwanziger Jahren durch traumhaft schöne Landschaften und Städte im Süden Spaniens. Eine Fahrt mit ihm ist gleichzeitig eine Reise in einen längst vergessenen Glamour, weit vor unserer Zeit

1

2

3

4

Ob in der Catedral de Sevilla die Gebeine von Christoph Kolumbus ruhen, ist etwas unklar – er ist auch als Toter viel gereist

Das Team um den Service-Chef **Melquiades Fernandez (1)** tut alles, um den Fahrgästen im **Al-Andalus (2)** jeden Wunsch auf dieser Reise zu erfüllen. Zu den Ausflügen an den Zwischenstationen gehören die Arkaden des **Pabellón de España in Sevilla (3)** mit seinen feurigen Flamenco-Tänzerinnen und das **Barrio de Santa Cruz (4),** ebenfalls in Sevilla. Die geschwungenen Fassaden voller Balkonreihen, Säulengänge und aufwendiger Verzierungen sind typisch für dieses Viertel

DA STEHT ES, DAS LUXUSHOTEL auf Schienen, 450 Meter lang – es ist nicht möglich, dieses Wesen aus Stahl, Holz und Glas im Ganzen zu überblicken. Von außen sieht der Zug auf den ersten Blick eher bescheiden aus, doch bei genauem Hinsehen besitzt der Al-Andalus, so hieß die Iberische Halbinsel unter maurischer Herrschaft, durchaus Charme. Er ist der längste Touristenzug Spaniens und mit einer Kapazität von 64 Passagieren der geräumigste der Welt, die Waggons sind unten kaffeebraun lackiert, die obere Hälfte ist cremeweiß. Die eleganten Gardinen, die hinter einigen Wagenfenstern zu erkennen sind, lassen nur erahnen, was der legendäre Zug im Innern bereithält …

Die Reisenden, die den Zug besteigen, sind von überall auf der Welt nach Sevilla gekommen, zum Start- und Endpunkt der siebentägigen Tour mit dem Al-Andalus durch den Süden Spaniens. Aber natürlich ist Sevilla mehr als nur Ausgangspunkt, sondern auch ein Highlight für sich. Man trifft sich – standesgemäß für die Reise im ehemaligen Privatzug der britischen Königsfamilie – an einer der besten Adressen der andalusischen Hauptstadt und bis ins 18. Jahrhundert wichtigsten Handelsstadt Europas, im »Hotel Alfonso XIII«. Im prunkvollen Palast wird ein Frühstück serviert, danach ist noch Zeit für einen Blick in den Innenhof mit den Arkaden und dem Brunnen im maurischen Baustil. Das Hotel liegt nur ein paar Schritte entfernt von der Kathedrale mit dem imposanten Rest der Moschee, die früher an dieser Stelle stand. Das Minarett, das seit der Renaissance als Glockenturm dient, ist das Wahrzeichen der Stadt.

Mit 116 Meter Länge und 76 Meter Breite zählt die 1506 vollendete Catedral de Sevilla zu den größten gotischen Kirchen der christlichen Welt. In einem Bronze-Sarkophag sollen sich hier die sterblichen Überreste von Christoph Kolumbus befinden, der nicht nur zu Lebzeiten viele Reisen unternahm. Der Leichnam des Entdeckers (oder zumindest Teile davon) wurde Ende des 19. Jahrhunderts von Kuba zurück nach Sevilla gebracht, von wo aus er 1596 in die heutige Dominikanische Republik verschifft worden war. Ein weiteres imposantes Bauwerk im historischen und architektonischen Gefüge der Stadt ist der Real Alcázar, Königspalast und ein Meisterwerk maurischer Baukunst mit duftenden Gärten, reich verzierten Palästen und mehreren verschiedenen Höfen. Nach dem Mittagessen im »Hotel Alfonso XIII« bleibt dann Zeit, durch die engen Gassen und Plätze des schönsten Viertels, des Barrio de Santa Cruz, zu flanieren: Viele Haustüren stehen offen, sodass man einen Blick in die Innenhöfe und bunt gefliesten Eingänge erhaschen kann. Halbkreisförmig umschließt der Pabellón de España die Plaza de España: In prunkvollen Arkaden liegen Nischen, die mit bemalten Fliesen ausgekleidet sind, und Brücken mit blau-weißen Keramikhandläufen führen über einen Kanal, auf dem Boote dahingleiten.

All das wirkt »maravilloso«, einfach wundervoll, und so gestaltet sich auch die Begrüßung im Al-Andalus. Die Besatzung trägt blaue Uniformen und steht lächelnd Spalier für die

1

2

3

Vor dem Schlummern in der **luxuriösen Suite (1)** gibt es noch ein erstklassiges Mahl von **Chefkoch Andres Fernandez (2)** und seinem Team. Am nächsten Tag beeindruckt der **Strand von Sanlúcar (3)** mit einem wunderschönen Sonnenuntergang, hier gesehen von der Terrasse des Restaurants »Casa Bigote«

Gäste, und damit ist der Zeitpunkt gekommen, die ganze Pracht des historischen Zuges in Augenschein zu nehmen.

Die Suite Deluxe ist ein geräumiges und elegantes Zimmer, das wie der gesamte Zug in dunklem Holz mit dezenten Blumendekoren ausgekleidet ist. Es gibt ein separates Bad mit moderner Glasdusche und nostalgischem Waschbecken, die zwei großen Fenster sind abgedeckt von bestickten Stoffjalousien, davor, neben einem Tisch mit Sessel und Hocker, ein Sofa, das sich zu einem Doppelbett umfunktionieren lässt. Mit einem Ruck setzt sich der Tren Al-Andalus in Bewegung, die Terminlage für heute: Dinner um 21 Uhr.

Die Tische in den zwei Restaurantwagen mit den roten Sofas und Sesseln sind festlich eingedeckt, polierte Weingläser funkeln zwischen bordeauxroten Stoffservietten, auf den gestärkten weißen Tischdecken liegt glänzendes Silberbesteck. Wie immer, wenn es an Bord ein Mittag- oder Abendessen gibt, werden vier Gänge serviert. Die gehobene andalusische Küche, für die an Bord Chefkoch Andres Fernandez sorgt, ist leicht und köstlich – vor allem Fisch, der an den einzelnen Stationen immer frisch eingekauft wird, steht im Mittelpunkt seiner Kreationen. An diesem Abend serviert er ein Ratatouille mit Sardellenfilets und einer Zucchinicreme mit Forellenkaviar, danach Seehecht auf Miesmuschelrisotto. »Für 60 Leute im Zug ein Menü zu servieren, ist für uns kein Problem«, sagt Fernandez, er steht in seiner blank geputzten Edelstahlküche, die einen ganzen Waggon einnimmt, dahinter befindet sich der Vorratswagen. »Es ist alles eine Frage der Organisation, wir sind ein super eingespieltes Team. Und die Küche hier ist genauso ausgestattet wie jede gute Restaurantküche, auch wenn diese hier ein bisschen kleiner ausfällt, aber das macht überhaupt nichts.« Bei einem Spaziergang durch den Zug zeigen sich viele elegante Details: Das Wasser in den Waschbecken der WCs wird von Wasserhähnen in der Form von Fischen ausgespien, die Rezeption hat einen gepolsterten und mit Leder bezogenen Tresen, damit man mit den Händen weich landet, falls der Zug mal ein wenig ruckelt. Der Salonwagen mit den großen Ecksofas und den eleganten Stehlampen bietet sogar eine eigene Bibliothek.

Die folgenden zwei Nächte steht der Zug in einem der schönsten Bahnhöfe Andalusiens: Diesen Ruf genießt der Bahnhof von Jerez de la Frontera wegen seiner rötlichen Arkaden mit den zahllosen blauen Fliesen darüber, die in der Sonne leuchten. Die Stadt hat 200000 Einwohner und liegt in der hügeligen Landschaft, die für den Sherry berühmt ist, sein Name leitet sich von Jerez ab. Auf einem dieser Hügel befindet sich die Bodega »Tío Pepe«, in den Hallen der Weinkellerei lagern in mehreren Reihen übereinander Fässer aus amerikanischer Eiche, in denen der wahlweise mal eher süße, mitunter auch herbere Wein langsam heranreift.

Aber das ist nicht alles, womit Jerez de la Frontera seine Besucher betört: Zur Stadt gehört auch eine märchenhaft schöne barocke Kathedrale mit riesiger Kuppel und anmutigen Strebepfeilern, die sich nach oben wie Flügel verbreitern. Im Villenviertel, wo sich die Paläste von Großgrundbesitzern und Weinproduzenten befinden, wird zu einer Art Pferdeballett gebeten: Bei dieser Dressur-Show lassen die traditionell gekleideten Reiter und Reiterinnen ihre Pferde mit kaum merklichen Befehlen zur Musik »tanzen«, behutsam und stolz, während Tier und Reiter zu einer anmutigen Einheit verschmelzen.

Wie fühlt es sich an, jeden Tag so viele einzigartige Dinge zu erleben und dabei in solch einem luxuriösen Zug zu reisen? »Das hier ist wie eine Fahrt auf einer langsamen Achterbahn, man muss nur einsteigen und loslassen«, sagt Nelda Ramos, 73-jährige pensionierte Lehrerin aus Puerto Rico, beim abendlichen Ausflug in eine traditionelle Taberna im Badeort Sanlúcar. »Der Zug ist der Flow. Und jeder Ort, an dem wir halten, ein einzigartiges Juwel, das uns vor die Füße gelegt wird.« Dann springt sie auf und tanzt zur Flamenco-Musik, ausgelassen und frei.

AM NÄCHSTEN MORGEN bietet sich Nelda und den anderen Reisenden ein ganz neues Bild: Sie besuchen die Küstenstadt Cádiz mit dem türkisblauen Wasser, vor der Strandpromenade erheben sich die strahlend weißen Türme und die gelbe Zentralkuppel der Kathedrale, schmale Gassen ziehen sich durch eine Altstadt, die von fast allen Seiten vom Atlantik umgeben ist. Von hier fährt der Zug in Richtung der Stadt Ronda, endlos scheinende Olivenhaine dehnen sich vor dem Fenster aus, das Team von Andres Fernandez serviert einen Garnelensalat auf einem Rucola-Avocado-Nest, und viel sinnlicher könnte man diesen Moment kaum gestalten, jedenfalls nicht in vollständiger Bekleidung. In der Dämmerung wird die Landschaft gebirgiger, die dunklen Umrisse der fernen Berge verwischen sich langsam in den nächtlichen Himmel.

Behutsam weckt am nächsten Morgen der Schaffner mit einer Glocke die Passagiere: Der Al-Andalus hat Ronda erreicht. Die Stadt, die 770 Jahre lang eine maurische Festung war, thront über einer jäh abstürzenden Felsschlucht – Geländer und Aussichtsplattformen machen den spektakulären Blick über die weite Ebene mit dem Gebirge im Hintergrund zu einem sicheren Erlebnis. Über das gespaltene Felsplateau, durch das der Río Guadalevín fließt, führt in knapp 100 Meter Höhe die Steinbrücke Puente Nuevo aus dem 18. Jahrhundert, noch heute ein beeindruckendes und kühn wirkendes Bauwerk.

Als der Zug in Richtung Granada durch den Abend fährt, geht Nelda mit ihrer Familie in den Bar-Waggon, der sogar eine

1

2

3

4

5

Garnelen auf einem Nest aus Rucola und Avocado – da haben wir den Salat, von dem wir noch lange schwärmen werden

Bei aller Liebe: Die **Altstadt von Ronda (1)** sitzt nicht halb so anmutig auf ihren schroffen Felsen wie unsere Autorin auf dem Sofa im **Tee-Waggon (4)** des Al-Andalus. Lange blieb sie da aber nicht, denn schon bald ging's wieder hinaus in die Umgebung, zu Schönheiten wie der **Markthalle von Cadiz (2).** Die Gäste des Zuges werden jeden Morgen von Schaffner Marcelo **mit einer Glocke geweckt (3),** zu den letzten Highlights der Reise gehören die Alhambra und ihr Löwenpalast, der **Palacio de Leones (5),** bei Granada

Tanzfläche hat, und Nelda weiß, wie man sie nutzt. Während die Gäste tanzen, erklärt Reiseleiterin Veronica, dass es sich bei diesem Waggon um einen historischen französischen Restaurantwagen handelt, während der in Blau gehaltene Salonwagen mit seinem Spieltisch in Bilbao gebaut und dort in Luxuszügen eingesetzt wurde. All diese historischen Bahnjuwelen wurden 1985 erstmals für den Al-Andalus umgebaut und renoviert.

MIT SEINER HÖCHSTGESCHWINDIGKEIT von 110 Stundenkilometern erreicht der Zug spät in der Nacht Granada. Nach dem Frühstück geht es am nächsten Morgen zur Alhambra, die Palastanlage ist neben dem Vatikan die meistbesuchte europäische Attraktion. Das gigantische Ensemble aus dem Königspalast und der Burg der Nasriden wirkt wie verzaubert, seit über 600 Jahren liegt diese Königsburg vor den Gebirgsketten der Sierra Nevada. Es ist das einmalige Zusammenspiel von Architektur, Licht und Wasser, das den mystischen Zauber des Palastes ausmacht. Das kühle Wasser, das über die Geländer einer Treppe in die kunstvoll angelegten Gärten fließt, zeugt wohl nicht nur von einstigem Reichtum, sondern vermittelt auch ein Gefühl von Geborgenheit und Komfort. Eine Führung durch den detailreichen und historisch aufgeladenen Ort endet auf dem mächtigen Haupt- und Wachtturm Torre de la Vela – er bietet einen fantastischen Rundblick auf die Burg, die Stadt Granada und die Gipfel der Sierra Nevada.

Die alte Hauptstadt des Kalifats Córdoba ist die letzte Station vor der Rückkehr nach Sevilla. Neben der Mezquita, der ehemaligen, großen Moschee mit der Kathedrale im Zentrum ist es die Altstadt mit den blumengeschmückten Hauswänden und Patios, die diese Stadt so liebenswert macht. Der Anblick des schwindelerregenden Waldes aus 800 Säulen im Betsaal der Moschee, die von rot-weißen Bögen überspannt werden, wird den Reisenden lange in Erinnerung bleiben – genau wie die römische Brücke mit ihren 16 Bögen über dem Fluss Guadalquivir, die Kaiser Augustus schon im ersten Jahrhundert erbauen ließ. Nach so viel Pracht, nach so vielen Stationen in vergangenen Zeiten und Epochen, nach so viel andalusischer Lebensfreude schleicht ein bisschen Wehmut durch die luxuriösen Suiten und Salons des Zuges. Aber noch rollt der Al-Andalus nach Sevilla, langsam und unbeirrbar, als hätte er alle Zeit der Welt. ■

UND LOS!

Der ganze kulturelle Reichtum im Süden Spaniens – komfortabel mit dem Zug besucht

Lernidee Erlebnisreisen bietet mehrere Touren mit dem Al-Andalus, die Strecke von Sevilla nach Málaga führt zu UNESCO-Welterbestätten in Sevilla, Córdoba und Granada (7 Tage ab ca. 3895 Euro pro Person).

lernidee.de

SO WIRD ZUGREISEN ZUM URLAUBS-HIGHLIGHT

Nicht immer und nicht überall reisen Sie wie auf Schienen. Deswegen ist es sinnvoll, sich vor der Fahrt gut vorzubereiten. Unsere besten Tipps

Der Touristik-Experte **Thorsten Tschirner** gibt Tipps für den Schutz auf Reisen

MERIAN: Herr Tschirner, auch beim Zugreisen gilt: andere Länder, andere Sitten, oder?

THORSTEN TSCHIRNER: Vieles, was in Deutschland legal ist, kann woanders zu drastischen Strafen führen – beispielsweise Homosexualität oder das Trinken von Alkohol in der Öffentlichkeit. Zudem können sich die Zollbestimmungen, inklusive bestimmter Ein- und Ausfuhrverbote, eklatant unterscheiden. Auch die Auflagen im Zusammenhang mit Covid 19 variieren je Land und momentaner Pandemielage. Daher gilt, gerade wenn Sie mehrere Länder mit dem Zug durchreisen: Die Mühe ist es in jedem Fall wert, sich im Vorfeld mit den Gepflogenheiten und Regeln vor Ort vertraut zu machen.

Welche Gesundheitstipps für unterwegs sind Ihnen am wichtigsten?

Auch wenn ein Mord im Orient-Express die absolute Ausnahme ist, auf kleine gesundheitliche Vorkommnisse sollten Sie vorbereitet sein. Sorgen Sie dafür, dass Ihre Reiseapotheke auf dem aktuellen Stand ist. Achtung: Verfallsdaten beachten! Wer empfindlich reagiert, wenn der Zug eine Zeit lang ordentlich ruckelt, sollte an Mittel gegen Reisekrankheit, Schwindel und Übelkeit denken. Und unterschätzen Sie nicht das lange Sitzen. Denken Sie an bequeme Kleidung, regelmäßige Bewegung und Dehnübungen. Und für einen erholsamen Schlaf können Ohrstöpsel und Schlafbrille hilfreich sein. Dann bleiben Sie auch auf der längsten Zugfahrt absolut entspannt. Und sollte doch mal etwas Ernstes passieren, ist es gut, sich auf eine leistungsstarke Auslandsreisekrankenversicherung verlassen zu können. Denn die übernimmt alle medizinischen Kosten und organisiert im Notfall deutschsprachige Ärzte als Ansprechpartner, einen Übersetzungsservice oder einen erforderlichen Rücktransport – egal, in welchem Land Sie gerade Station machen.

Wie passe ich im Zug am besten auf Wertsachen und Dokumente auf?

Ganz ehrlich: Auf unnötige Wertgegenstände sollten Sie lieber verzichten. Denn Ihr Abteil, auch wenn es abschließbar ist, bietet nur einen begrenzten Schutz gegen Diebstahl. Die wichtigsten Reisedokumente sollten Sie stets bei sich führen und sicherheitshalber eine Kopie erstellen. Online hinterlegt, lässt sich ein digitaler Scan der Dokumente jederzeit und überall abrufen. Das erleichtert den Umgang mit ausländischen Behörden oder der deutschen Botschaft, sollte bei einem Aufenthalt doch mal der Ausweis verlorengehen.

Was ist mit Handy und Co?

Viele Zugreisen führen über verschiedene Landesgrenzen. Das registriert auch Ihr Mobiltelefon. Informieren Sie sich daher schon im Vorfeld der Reise über günstige Tarife, Prepaid-Optionen und WLAN-Möglichkeiten. Das verhindert böse Überraschungen. hansemerkur.de/zugreisen

FOTOS: GREGOR LENGLER, PR

1

2

Himmel, die Berge!

Die **Grand Train Tour of Switzerland** führt in luxuriösen Reisezügen zu den schönsten Städten und Bergpanoramen des Landes

TEXT **BURKHARD MARIA ZIMMERMANN**

Vom autofreien **Zermatt (1)** zu Füßen des Matterhorns fährt der **Glacier Express (2)** durch zahlreiche Tunnel und über riesige Brücken und Viadukte bis ins glamouröse **St. Moritz (3)**

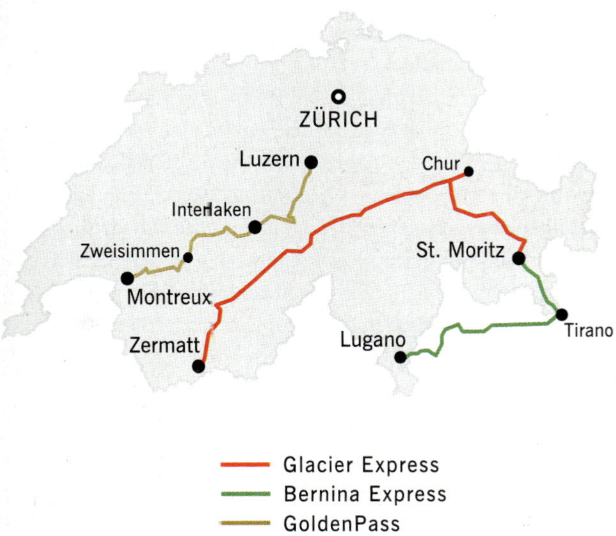

Wenn man ein Land entwerfen würde, das luxuriöse Zugfahrten, sensationelle Naturschauspiele und einzigartige Kulturerlebnisse auf komfortabelste Art und Weise miteinander verbindet, dann käme wahrscheinlich die Schweiz dabei heraus: Auf einer Strecke von 1280 Kilometern, aufgeteilt in zahlreiche Etappen, führt die Grand Train Tour of Switzerland vorbei an elf großen Seen und fünf UNESCO-Welterbestätten, alle Etappen lassen sich einzeln buchen. Wir haben drei besonders schöne Strecken für Sie ausgewählt.

GLACIER EXPRESS

Von Zermatt nach St. Moritz

Der Glacier Express ist der langsamste Schnellzug der Welt – das ist großartig, wenn man bedenkt, wie viel es auf seiner rund achtstündigen Fahrt durch die Alpen zu sehen gibt. Er beginnt seine Reise in Zermatt, der autofreien Stadt am Matterhorn: Die Pisten in der Nähe sind sehr beliebt, aber keine Anziehungskraft kann mit dem Magnetismus mithalten, den der knapp 4500 Meter hohe Berg seit dem 19. Jahrhundert auf die Menschen ausübt. In Zermatt zeigt das Matterhorn Museum

1

2

eine Art Rückschau auf das Zusammenleben der Menschen mit dem Berg mit allen Tragödien und allen Triumphen, und wie sicher und zugänglich er heute ist, erlebt man wohl am deutlichsten im Matterhorn Glacier Paradise. Europas höchste Seilbahn bringt die Menschen auf 3883 Meter Höhe, wo sie oft mit wortlosem Staunen auf die 14 Gletscher und 38 Berggipfel über 4000 Meter in der Umgebung schauen.

Und auch die Fahrt mit dem Glacier Express selbst ist beeindruckend. Während er durch die Kantone Wallis, Uri und Graubünden fährt, kriecht er durch die Dunkelheit von 91 Tunneln und tastet sich über 291 Brücken, Gebirgsketten steigen neben ihm auf und Täler breiten sich unter ihm aus, und bei Bonaduz fährt er durch eine der spannendsten Schluchten der Strecke – die Rheinschlucht, durch die der sonst so ruhig wirkende Fluss jetzt tosend hindurchrauscht, eingefasst von steilen weißen Felswänden und umgeben von dunklen Wäldern. Bei so vielen Reiseerlebnissen möchte man zwischendurch vielleicht mal mit einem prickelnden Getränk auf die famosen Ausblicke anstoßen, und darum wurde für den Glacier Express jetzt die neue »Excellence Class« entwickelt: Ein neues Bahnerlebnis mit garantiertem Fensterplatz, persönlicher Zugbegleitung und einem Fünf-Gänge-Menü mit passend abgestimmten Weinen.

Am Ziel dieser außergewöhnlichen Reise liegt St. Moritz: Rund 3000 Jahre ist es her, dass Mineralquellen am Ort des heutigen St. Moritz entdeckt wurden, sie verhalfen einer späteren Ansiedlung von Menschen zum Ruhm als Erholungsort. Damit schufen sie gleichsam die Grundlage für eines der ersten beliebten Reiseziele in den Alpen – seit 1864 trafen sich hier die Stars und die Mächtigen aus der ganzen Welt. Dabei wird mitunter übersehen, dass die Anziehung des Ortes tatsächlich berechtigt ist: Die Wanderrouten der Umgebung sind malerisch schön und die Berge wie zum Skifahren gemacht – hier wurden schon zweimal Olympischen Winterspiele ausgetragen, das sollte als Qualitätsmerkmal reichen.

BERNINA EXPRESS

Von St. Moritz nach Lugano

Die Beliebtheit von St. Moritz bei Reisenden aus der ganzen Welt hat letztlich zur Entwicklung einer Zugstrecke geführt, die als sensationell gelten darf: Der Bernina Express fährt von St. Moritz nach Tirano, dabei gleitet er durch 55 Tunnel und

FOTOS: SILVANO REBAI/ADOBE STOCK, ANDREA MICHAEL BADRUTT/RHÄTISCHE BAHN, MB PHOTO/ALAMY

Tirano (1) mit seiner Basilika Madonna di Tirano ist eine der Stationen des **Bernina Express (2)** auf seinem Weg nach **Lugano (3)**, bekannt für das moderne Kulturzentrum Lugano Arte e Cultura (LAC)

über 196 Brücken. Entlang dieser Strecke liegen die drei Seen Lej Pitschen, Lej Nair und Lago Bianco, außerdem das atemberaubende Berninamassiv und der riesige Morteratschgletscher. Im Winter bildet das glatte Weiß riesiger Schneeflächen einen faszinierenden Kontrast zu den schroffen Felswänden der Berge, während im Sommer einige zusätzliche Erlebnisse locken: Zwischen Davos Platz und Tirano werden offene Cabriowagen angehängt, die bei allem Fahrkomfort eine völlig neue Nähe zur Umgebung erlauben – allein die würzigen Düfte der Bergkräuter machen einen Besuch in den offenen Wagen schon zum Genuss. Eine Verlängerung der Zugfahrt mit dem Bus bringt die Reisenden nach Lugano: Die Stadt am Luganersee garantiert nach der Abgeschiedenheit der Berge eine Ausbruch von Lebendigkeit, sie ist das drittgrößte Finanzzentrum der Schweiz und hat in den letzten Jahren eine beeindruckende Kunstszene entwickelt, möglicherweise gibt es da einen Kausalzusammenhang. Stellvertretend dafür steht das LAC, das Lugano Arte e Cultura: ein Kulturzentrum mit einem Schwerpunkt auf zeitgenössischer Kunst, flankiert von Konzerten, Theateraufführungen, Literaturveranstaltungen und unterschiedlichsten Workshops. Ausflüge nahe Lugano führen häufig mit der Seilbahn auf den Hausberg der Stadt; der Blick von dort oben ist völlig unverstellt und schweift um 360 Grad mit weiten Ausblicken über den See, bis nach Mailand im Süden und bis zu den Alpen im Westen.

Auf der anderen Seite des Sees, dem Monte San Salvatore gegenüber liegt der Monte Brè: Schon 1908 fuhren Standseilbahnen bis zur Ortschaft Ruvigliana, vier Jahre später dann auf den Gipfel des Berges. Es ist ein ungewöhnlicher, fast verträumter Berggipfel – hier oben liegt das Dörfchen Brè, eine beinahe ländlich wirkende Siedlung mit gedrungenen Häuschen aus grobem Stein, und von dort lässt sich auch die Form des Monte San Salvatore, die einem Zuckerhut ähnelt, besonders gut erkennen. Der Monte Brè gilt als der Berg in der Schweiz mit der meisten Sonneneinstrahlung, auf ihm wächst sogar die seltene Weihnachtsrose, die unter Naturschutz steht und sonst nur in Südeuropa zu finden ist. Sie darf stellvertretend für die Wertschätzung der Schweiz gegenüber ihrer Natur stehen und für die fortwährenden Bemühungen um ihren Erhalt für zukünftige Generationen.

1

2

GOLDENPASS LINE

Von Luzern nach Montreux

Wer sich von Luzern betören lässt, der darf sich in guter Gesellschaft fühlen: Schon Johann Wolfgang von Goethe, Richard Wagner und die britische Queen Victoria waren entzückt von den mittelalterlichen Gebäuden und den langen Uferpromenaden am Vierwaldstättersee. Viele Besucher beginnen ihre Erforschung der Stadt mit einem Spaziergang durch die Altstadt zur Kapellbrücke aus dem 14. Jahrhundert mit ihrem überdachten Steg und dem achteckigen Turm. Sie liegt nur gute hundert Meter von einer der großen kulturellen Attraktionen Luzerns entfernt: Der Sammlung Rosengart, angelegt von der Kunsthändlerin Angela Rosengart. Die 89-Jährige war eine Freundin Pablo Picassos und hat der Stadt Luzern eine großzügige Sammlung von rund 200 Exponaten von Weltrang überlassen, darunter Arbeiten von Picasso selbst, außerdem von Paul Klee, Wassily Kandinsky, Paul Cézanne, Henri Matisse und Claude Monet.

Luzern ist heute Startpunkt der eleganten GoldenPass Line in Richtung Montreux mit Interlaken als einer wichtigen Station: Die Stadt zwischen Thuner- und Brienzersee ist gleichsam das Tor zur Jungfrauregion – rund 100 Wanderkilometer und 260 Kilometer an Skipisten machen die Gegend zwischen Grindelwald, Wengen und Mürren zum optimalen Gebiet zum Wandern im Sommer und zum Skifahren und Schneeschuhwandern im Winter. Zusätzlich locken viele Ausflugsziele in die Berge der näheren Umgebung, sei es mit der Brienz Rothorn Bahn, die bei Brienz zum Rothorn hinauffährt, oder das Jungfraujoch mit seiner Bahnstation auf einer atemberaubenden Höhe von 3454 Metern.

Weiter fährt der elegante Zug mit seinen großen Fensterfronten von Interlaken durch die Wiesen und Wälder des Simmentals in das freundliche Bergdorf Zweisimmen, vorbei an hölzernen Chalets, atemberaubenden Berggipfeln und weich geschwungenen Bergwiesen, auf denen entspannte Kühe an Blumen und Kräutern rupfen – irgendwo muss das volle Aroma des Schweizer Käses ja herkommen. Die Kühe kauen weiter vor sich hin, während der GoldenPass Panoramic sich dem großen Finale nähert: Von oben gleitet der Blick weit über das strahlende Blau des Genfersees, wenn der Zug langsam auf Montreux zu gleitet. Bienvenue im französischsprachigen Teil der Schweiz!

FOTOS: NORA BIBEL, VALENTIN FLAURAUD/VFLPIX.COM, MAUDE RION/SWISS TRAVEL SYSTEM AG

Entzückend: **Luzern (1),** die Passagiere der **GoldenPass Line (2)** sind betört von den sattgrünen Tälern, und Freddie Mercury war verknallt in **Montreux (3),** was wohl auf Gegenseitigkeit beruhte

Man möchte sich manchmal fragen, was im Wasser des Genfersees eigentlich drin ist, wenn man sich anschaut, wie viele Künstlerinnen und Künstler an seinen Ufern mit großem Erfolg gearbeitet haben: Lord Byron schrieb hier mit viel Fortune seine Gedichte, Mary Shelly ersann hier ihren »Frankenstein«, und das kleine Montreux, umgeben von imposanten Bergmassiven, hat jedes Jahr mit seinem Montreux Jazz Festival eine große Auswahl der besten Musiker der Welt zu Gast. Sogar Rock-Geschichte wurde hier schon geschrieben, wenn auch etwas außerplanmäßig, als 1971 während eines Auftritts von Frank Zappa und seiner Band ein Feuer ausbrach. Zum Glück war nicht nur die Feuerwehr gleich zur Stelle, sondern auch die britische Rockband Deep Purple, die gerade in einem Casino ihr neues Album aufnahm und sich von den Rauchwolken über dem Genfersee zu einem Song inspirieren ließ: »Smoke On The Water« mag nicht das raffinierteste Stück der Musikgeschichte sein, aber für einen Welterfolg hat's gereicht. Wer an der Uferpromenade in Montreux spazieren geht, kommt an einer drei Meter hohen Statue von Freddie Mercury vorbei, der dort mit hochgereckter Faust über den Genfersee blickt – seine Band The Queen war so verliebt in Montreux, dass sie hier von 1979 bis 1993 ein eigenes Studio besaß und dort sieben Alben aufgenommen hat. Mensch, wenn man sich dort mal umschauen könnte … Kann man: Das Studio in der Rue du Théâtre, in dem auch David Bowie, The Rolling Stones und Iggy Pop gearbeitet haben, ist heute ein Museum. ■

grandtraintour.myswitzerland.com

UND LOS!

Preiswert durch die Schweiz mit bahnurlaub.de

Das Portal rund um Zugreisen auf der ganzen Welt bietet viele Reisepakete für Strecken in der Schweiz, darunter die Tagesfahrt mit dem Bernina Express ab ca. 126 Euro, vier Tage mit der GoldenPass Line ab ca. 346 Euro oder Chur-Zermatt und zurück mit dem Glacier Express ab ca. 439 Euro. bahnurlaub.de

»Wir arbeiten jeden Tag für den Klimaschutz«

Zum »Fahrtziel Natur« gehören 24 Gebiete in Deutschland, Österreich und der Schweiz. Die Idee: Reiseziele werden umweltfreundlicher erreichbar

Stefanie Berk *leitet seit 2020 das Marketingressort im Vorstand der DB Fernverkehr AG. Sie hat Touristik und Verkehrswesen studiert und war viele Jahre in der Reisebranche tätig*

MERIAN: Frau Berk, »Fahrtziel Natur« ist eine Kooperation der Deutschen Bahn und der drei großen Umweltverbände BUND, NABU und VCD. Wie kam es vor mehr als zwei Jahrzehnten zu dieser Zusammenarbeit und wie hat sich die Kooperation seit ihren Anfängen entwickelt?

STEFANIE BERK: 2001 ist die Kooperation Fahrtziel Natur mit sechs Gebieten, darunter der Nationalpark Harz und der Naturpark Uckermärkische Seen gestartet. Zum Projekt kam es, weil die Umweltverbände und die Deutsche Bahn einerseits gemeinsam Schutzgebiete stärken und sie andererseits als attraktive, umweltfreundliche Reiseziele vor der Haustür, erreichbar mit Bahn und Bus, in den Fokus der Reisenden rücken wollten. Das gemeinsame Ziel lautet: umweltfreundliche Mobilität und eine Form des Reisens, die den Zielregionen nachhaltig zugutekommt; um mitzuhelfen, dass das Klima geschützt und die natürliche Vielfalt vor Ort bewahrt wird. Mittlerweile engagieren sich 24 Gebiete in der Kooperation Fahrtziel Natur.

War es von Anfang an ein grenzüberschreitendes Projekt?

Erst ab 2007. Da kam der Schweizerische Nationalpark dazu. 2011 wurde der österreichische Nationalpark Hohe Tauern in die Kooperation aufgenommen. Besonders stolz sind wir darauf, dass 2016 die Kooperation Fahrtziel Natur in der Schweiz gespiegelt wurde: Die Rhätische Bahn, PostAuto, der Bündner Vogelschutz, der Verkehrsclub Graubünden und die Bündner Parke haben 2016 Fahrtziel Natur Graubünden gegründet. Schon 2020 wurde Fahrtziel Natur auf die ganze Schweiz erweitert – es ist schön zu sehen, dass das Modell auch international funktioniert.

Konnte man sich als Gebiet von Anfang an bewerben, so wie es jetzt auf der Website möglich ist? Und wer wählte unter den Bewerbern aus?

Die ersten Gebiete wurden auf Empfehlung der Umweltverbände in die Kooperation aufgenommen. Später wurden Aufnahmekriterien erarbeitet, die durch die Umweltverbände und die Deutsche Bahn sukzessive weiterentwickelt wurden. Neue Gebiete müssen sich heute um eine Aufnahme in die Kooperation bewerben. Beispielsweise müssen alle neuen Fahrtziele mit der Aufnahme in die Kooperation ihren Übernachtungsgästen eine kostenlose Mobilität auf Gästekarte bieten.

Und das Ziel ist, dass Schutzgebiete wie Nationalparks und Biosphärenreservate autofrei und nachhaltig bereist werden?

Die Entwicklung nachhaltiger Mobilitätsangebote vor Ort geht nur gemeinsam. Dafür gibt es in allen Fahrtziel Natur-Gebieten »Trägergruppen«, die sich aus Vertretern aus Schutzgebiet, Tourismus, Verkehr und Politik zusammensetzen. Alle unsere Fahrtziel Natur-Gebiete sind gut mit der Bahn erreichbar und bieten zudem einen attraktiven ÖPNV vor Ort. Übernachtungsgäste dürfen während ihres Aufenthalts mit der Gästekarte den öffentlichen Verkehr kostenlos nutzen. Mobilitätsentwicklung ist ein ständiger Prozess, den wir nur gemeinsam erfolgreich gestalten können.

Was sind für Sie persönlich die bedeutendsten Erfolge der Kooperation?

Zu sehen, wie wir in dieser Kooperation seit nunmehr 20 Jahren zusammenarbeiten und nachhaltige Mobilität gemeinsam weiterentwickeln. Wir arbeiten in unserem Team mit 24 Fahrtziel Natur-Gebieten jeden Tag für den Klimaschutz.

Ist die Bahn schon klimaneutral?

Die Deutsche Bahn wird bis 2040 klimaneutral sein. Bereits heute ist die Bahn das klimafreundlichste Verkehrsmittel. So sind unsere Reisenden im Fernverkehr innerhalb Deutschlands seit 2018 mit 100 Prozent Ökostrom unterwegs. Und auch bei der Instandhaltung unserer Züge achten wir auf die Umwelt: 2018 haben wir Deutschlands erstes klimaneutrales ICE-Werk in Köln Nippes in Betrieb genommen, zwei weitere sind in Planung. Zudem wird unser gastronomisches Angebot in den Bordbistros und Bordrestaurants immer nachhaltiger: Die Hälfte unseres Sortiments ist bereits vegan oder vegetarisch.

FOTO: PATRICK KUSCHFELD/DB

GIOVANNI ZARRELLA
Exklusiv fotografiert
für HÖRZU
Einer, der
HÖRZU
zu Hause hat
Eine Marke der FUNKE Mediengruppe

Der Mann plant vorausschauend: Aber was soll unserem Gewinner in der Wüste von Namibia schon passieren

Den schicken wir in die WÜSTE!

Und das fand er toll: Alessio Costantini aus Holzkirchen ist der Gewinner des Wettbewerbs »Leserfoto des Jahres« von CEWE und MERIAN und durfte mit einem Luxuszug durch **Namibia und Südafrika** fahren – dort hat er neue tolle Fotos geschossen

TEXT UND FOTOS **ALESSIO COSTANTINI**

Auf seiner Reise hat Alessio Costantini beeindruckende Fotomotive entdeckt, darunter diese Elefantenfamilie im Etosha-Nationalpark (o.) und die karge Schönheit des Sossusvlei im Namib-Naukluft-Nationalpark (u.)

Durch den Fotowettbewerb von CEWE und MERIAN, bei dem ich eine Reise durch Namibia und Südafrika gewonnen habe, bin ich zum Reisereporter auf Zeit geworden. Von der Walvis Bay an der namibischen Westküste ging meine Tour in einer U-förmigen Kurve in Richtung Süden, dann über die Grenze nach Südafrika und wieder nach Norden bis Pretoria. Sie begann Ende Mai 2022 und dauerte insgesamt zwölf Tage. Ich war sehr gespannt, was mich erwartet, denn so eine Zugreise hatte ich vorher noch nie gemacht, das war schon alles sehr ungewohnt und neu für mich.

Der erste Moment, die Ankunft im Zug, war durchaus überwältigend: Wir wurden mit einem Glas Sekt empfangen, und der Zug war unglaublich luxuriös: Unser Abteil kam mir wie eine kleine Ein-Zimmer-Wohnung vor, mit Teppich und Holzvertäfelung und einem eigenen Bad mit WC und Dusche. Und damit fährst Du dann durch diese unglaublich schöne Landschaft! Im letzten Waggon befand sich eine Lobby mit einer Bar und schweren, dick gepolsterten Ledersofas, wo man einfach entspannen und aus dem Fenster schauen konnte, und dahinter war dann noch ein Außenbereich mit Sitzbänken aus Holz, wie ein fahrender Balkon. Gerade zum Sonnenuntergang fand ich es dort besonders schön, das war mein Lieblingsplatz im Zug.

Von der Walvis Bay sind wir als Erstes zum Etosha National Park gefahren, er wurde 1907 gegründet und ist mit einer Fläche von mehr als 22 000 Quadratkilometern einer der größten Nationalparks in Afrika. Die Vielfalt an Tieren auf dieser Fläche ist überwältigend: Hier leben 114 Arten von Säugetieren, mehr als 400 Vogelarten und viele unterschiedliche Fische und Reptilien. Im Etosha National Park gingen wir abends auf eine Sunset Tour, die Nacht verbrachten wir in einer Lodge, und morgens ging es bei Sonnenaufgang noch mal auf Motivsuche. Dort haben wir die ersten wilden Tiere fotografiert, und dabei hatten wir wirklich Glück: Während der Sunset Tour saßen zwei Geparden im Gras, und ich dachte, wenn die Raubkatzen jetzt

Mit Abstand am schönsten: Die Quiver Trees im Garas Park sehen faszinierend aus, haben aber große Schuppen mit sehr scharfen Kanten

noch aufstehen und sich bewegen würden, das wäre super – und nach ein paar Minuten haben sie das tatsächlich getan! Angst vor ihnen hatte ich nie, denn die Tiere sind tagsüber eher müde. Der Löwe, den wir gesehen haben, war gerade mit Fressen beschäftigt und nicht so besonders interessiert an uns.

Vom Etosha National Park sind wir weitergefahren nach Windhoek, von der Stadtrundfahrt dort ist mir vor allem das Independence Museum wegen seiner einzigartigen Architektur in Erinnerung geblieben: ein gigantischer goldfarbener Zylinder, an drei Seiten gerahmt von säulenförmigen Elementen, die zu einem Dach mit einer Terrasse und einer Bar führen – eine mutige Konstruktion, und der Gestaltungswille verdient durchaus Respekt. Geschlafen haben wir auf der ganzen Tour meistens im Zug. Die Eisenbahn fuhr meistens vom Abend bis zum nächsten Morgen, tagsüber standen die Ausflüge auf dem Programm, meistens in Nationalparks oder Städte entlang der Strecke. Zwei Guides kümmerten sich um uns: Eine Reiseleiterin war nur für den Zug zuständig, der andere Begleiter hat sich um alles gekümmert, was außerhalb des Zuges passierte – er kannte sich wirklich gut aus und wusste jede Frage zu beantworten. Alles war perfekt durchgeplant: Wenn wir eine Tasche für einen Ausflug gepackt hatten, dann legten wir sie aufs Bett, und am Ausflugsziel in der Lodge befand sie sich wieder auf dem Bett, wir mussten uns wirklich um gar nichts kümmern. Gegessen haben wir meistens morgens, mittags und abends im Speisewagen, es gab jedes Mal ein Vier-Gänge-Menü – die Gerichte haben sich während der gesamten Reise nicht ein einziges Mal wiederholt. Ich habe dort Fleisch gegessen, das ich noch nie zuvor probiert hatte, darunter Zebra, Strauß und Antilope. Zu meiner Verwunderung schmeckte das Straußenfleisch etwas nach Rindfleisch und nicht wie vermutet wie Geflügel. In manchen luxuriösen Zügen gibt es einen Dresscode, aber wir haben uns ganz normal gekleidet, nichts Besonderes. Meistens hatte ich ein Poloshirt und eine Jeans an, von den Temperaturen her ging es eigentlich: Es war warm, aber nicht zu heiß, abends zog ich dann oft noch einen Pulli über oder holte sogar meine dünne Daunenjacke heraus – die Temperaturen konnten nachts auf vier bis fünf Grad fallen.

»Im Zug habe ich Fleisch von Tieren gegessen, das ich noch nie zuvor probiert hatte, darunter Zebra, Strauß und Antilope«

Auf so einer Zugfahrt verbringt man sehr viel Zeit in der Gruppe mit den anderen Fahrgästen, darum ist es wichtig, dass man gut miteinander auskommt, und so war es auch: Wir waren etwa 30 Personen im Zug, darunter vielleicht 20 aus

Gediegener Zug, geschichtsträchtige Orte: Das Abteil war eine kleine Suite mit Sessel und Schreibtisch (l.), Ausflüge führten zu historischen Orten wie der von deutschen Kolonialisten erbauten Stadt Lüderitz (r.)

Großbritannien, ein paar Franzosen sowie meine Freundin und ich. Die Leute fand ich wirklich nett, wir haben uns gut verstanden. Oft wurde ich von den Jungs hinter der Bar als »Sir« angesprochen, obwohl die im selben Alter waren wie ich, das war ein bisschen ungewohnt. Aber manchmal blieb auch Zeit, beim Getränk an der Bar ein bisschen ausführlicher mit dem Personal zu plaudern, das fand ich sehr interessant.

Mein Highlight der Reise war die Gegend um Sossusvlei im Namib-Naukluft-Nationalpark. Das Wort stammt aus der namibischen Sprache Nama und dem Afrikaans, das durch die niederländische Kolonialmacht geprägt wurde, und setzt sich zusammen aus »sossus« – nama für »totes Ende« – und »vlei«, das auf Afrikaans so viel wie »Marschlandschaft« bedeutet: Der Begriff beschreibt die salzige, lehmige Landschaft am Ende des Flusses Tsauchab. Sossusvlei ist Teil des UNESCO-Welterbes, die bis zu 400 Meter hohen Dünen dort scheinen sich endlos bis zum Horizont zu ziehen. Das war so beeindruckend, dass ich mir morgens einen Flug in einem Propellerflugzeug gegönnt habe: eine Stunde lang in den Sonnenaufgang zu fliegen und die Dünen von oben fotografieren zu können – das war unglaublich schön, wirklich ein einzigartiges Erlebnis! Danach sind wir noch mit einem Geländewagen in die Dünen gefahren und haben uns im Dead Vlei die Dead Trees angeschaut: Auf flachem Boden aus getrocknetem Lehm stehen dort blattlose, dunkle Gerippe von abgestorbenen Kameldornbäumen, die etwa 900 Jahre alt sind – ein bizarrer und in seiner Kargheit sehr faszinierender Anblick. Zwischendurch gab es einen Sandsturm, das sah einfach episch aus: Der ganze Himmel war orange, das war ein fast unwirklicher Anblick. Die Nacht haben wir in einer Lodge verbracht: Sie hatte eine schöne Aussichtsterrasse, da konnte man nicht nur abends vor dem Schlafengehen noch ein kühles Getränk trinken, sondern man konnte auch ganz großartig Antilopen fotografieren, die unweit von der Lodge im Gras saßen – mein Lieblingsbild von einer Antilope habe ich direkt von meiner Terrasse aus geschossen. Hier sind auch meine Fotos vom Sternenhimmel entstanden. Der Himmel über der Wüste war unglaublich klar, und Streulicht von menschlicher Besiedelung gibt es da ja fast gar nicht.

Was mich an Namibia sehr fasziniert hat, war der beständige Wechsel von Elementen aus faszinierender Natur und bewegender Geschichte. In Lüderitz überlappen sich diese beiden Dinge sogar:

CEWE FOTOBUCH | SO EINFACH GEHT ES!

Namibia & Südafrika

Diesen Titel trägt das CEWE FOTOBUCH, das der Gewinner unseres Wettbewerbs **»Leserfoto des Jahres«** nach der Reise mit seinen Bildern gestaltet hat. Es dokumentiert Alessio Costantinis Traumreise!

Eine Reise wie die, die Alessio Costantini beim Fotowettbewerb von MERIAN und CEWE gewonnen hat, ist eine unvergessliche Sache. Kurz nach seiner Rückkehr traf denn auch eine Mail mit Betreff »DANKE!« in der Redaktion ein. »Nun bin ich wieder in Deutschland gelandet und gerade dabei, diese wunderschöne Reise zu verarbeiten. Ich hatte die Chance, das Land auf eine Art und Weise kennenzulernen, wie ich es sonst nie erlebt hätte.« Und wie es sich für einen leidenschaftlichen

foto MAGAZIN 9/20 ★★★★ SEHR GUT

Nach seiner Reise hat sich Alessio Costantini an sein Notebook gesetzt – und die CEWE Gestaltungssoftware heruntergeladen und sein CEWE FOTOBUCH entwickelt

Fotografen gehört, fügte er an: »Ich hab bereits mit der Bearbeitung der Bilder begonnen.« Natürlich, um ein CEWE FOTOBUCH zu gestalten.

MERIAN: Alessio, wie viele Fotos hast Du allein während Deiner Reise nach Namibia und Südafrika geschossen?

ALESSIO COSTANTINI: Circa 6000.

Wenn man so viele Fotos gemacht hat, ist es sicher schwierig, die richtigen für das CEWE FOTOBUCH zu finden. Wie bist du vorgegangen?

Zunächst sortiere ich mit dem Programm Adobe Bridge die besten Fotos aus. Anschließend muss ich die Bilder in Lightroom und Photoshop bearbeiten. Wenn das alles erledigt ist, versuche ich, das Fotobuch so zu erstellen, dass die Bilder auf der Seite gut zusammenpassen.

Worauf achtest Du?

Darauf, dass Farben und Motive harmonieren. Das ist leider nicht immer möglich, da ich auch versucht habe, die Chronologie der Reise beizubehalten.

Für welches CEWE FOTOBUCH Format und welche Papierqualität hast Du Dich entschieden?

Ich hab mir das Panorama A4 Querformat ausgesucht. Das ist ein tolles Format für zwei Querbilder und ein größeres Hochkant-Bild. Als Papier hab ich das Glänzende ausgewählt, weil ich überzeugt bin, dass damit die Farben am besten zur Geltung kommen.

Du hast die CEWE Gestaltungssoftware benutzt. Was ist das Gute an dem Programm?

Ein absoluter Pluspunkt ist die Leichtigkeit des Programms. Auch wenn man noch nie mit dem CEWE Programm gearbeitet hat, kommt man schnell zurecht. Zudem ist die Funktion mit der Kartengestaltung eine super Sache.

Hast Du Layout, Design und die Anordnung selbst gestaltet oder die Voreinstellungen genutzt?

Ich hab mein eigenes Layout entwickelt. Zwar hab ich mich als Basis auf eine vorgefertigte Bildanordnung von CEWE verlassen, diese hab ich dann aber noch individualisiert.

Wie viele Seiten hat dein Fotobuch?

74 Seiten.

»Ein Pluspunkt ist die Leichtigkeit des CEWE Gestaltungsprogramms, damit kommt man schnell zurecht«

CEWE FOTOBUCH – SO EINFACH GEHT ES!

Meine Traumreise in einem schönen Fotobuch? Das geht mit CEWE perfekt. Wer gleich loslegen will, macht es mobil per App oder online. Doch nehmen Sie sich ruhig einen Moment Zeit, denn am größten sind die Gestaltungsmöglichkeiten, wenn Sie die kostenlose Bestellsoftware von CEWE downloaden: cewe.de/bestellsoftware.html. Dank der idealen Mischung aus vorbereiteten Layouts, jeder Menge Cliparts, der Möglichkeit, kleine Texte einzubauen und vor allem dank der Freiheit für eigene Gestaltungsideen können Sie aus Ihren Lieblingsbildern schnell ein hochwertiges CEWE FOTOBUCH entwerfen.

Weitere Infos unter cewe.de

Außerhalb des luxuriösen Reisezuges (o. l.) lockten Führungen durch das Sossusvlei (o. r.), Besuche bei Geparden im Etosha-Nationalpark (u. l.) – und spektakuläre Fotos vom Sternenhimmel durch klare Luft (u. r.)

Dort haben wir die frühere Ortschaft Kolmanskop besucht, eine verlassene Siedlung aus der Zeit um 1900, die jetzt von der Natur zurückerobert wird – riesige Dünen sind durch die offenen Türen und Fenster in die alten Häuser gekrochen, eine Geisterstadt, die im Sand zu versinken scheint. Kolmanskop war damals eine der reichsten Städte der Welt, sie wurde aus dem Nichts in der Wüste hochgezogen, weil hier so viele Diamanten gefunden wurden. Aber nach ein paar Jahren waren alle Diamanten ausgegraben, und die Menschen zogen weg – und ließen eine leere Stadt zurück. Und gleich nach diesem historischen Erlebnis kam das nächste Naturerlebnis. Der Garas Park mit seinen außergewöhnlichen Quiver Trees: Das sind hohle Bäume mit Kronen aus dicken Armen, in ihrem Innern können die Quiver Trees viel Wasser speichern und so auch in den extremen Bedingungen in der Wüste überleben. Sie gehören zur Familie der Aloe-Gewächse, und ihre Zweige sind bedeckt mit weißem Pulver, das die Sonne reflektiert. Auf ihren Stämmen bilden sich goldfarbene Schuppen, die man aber lieber nicht anfassen sollte – sie können scharf sein wie Rasierklingen!

Die Quiver Trees sind nur eines von vielen Beispielen für die Natur Afrikas, die oft gleichzeitig etwas unwirklich und dabei sehr anrührend wirkt. In Holoog mäandert der Fish River Canyon durch die Landschaft, er ist der drittgrößte Canyon der Welt und ähnelt in seiner Form und seiner Größe dem Grand Canyon in den USA – vor allem dort, wo das Wasser eine große Schleife durch das rötliche Gestein der Schlucht zieht. Unser nächstes Ziel lag schon jenseits der Grenze zu Südafrika: Die Stadt Upington ist bekannt für ihre schönen alten Häuser und ihr stillgelegtes Bergwerk, aber mir bleibt sie vor allem in Erinnerung wegen der Weinverkostung, die wir dort auf einem doppelstöckigen Boot am Ufer eines Flusses genossen haben – südafrikanischer Wein und Brandy, morgens um neun. Ein ungewöhnlicher Start in den Tag, aber ich hatte schon schlechtere.

Und dann gab es Orte, an denen durch menschliches Handeln besonders ungewöhnliche Naturphänomene entstanden, wie in der Stadt Kimberley und ihrem Big Hole: Es sieht aus wie ein See, ist aber eine Senke, die von Diamantgrabungen übrig geblieben ist, gefüllt mit grünblauem Wasser und gesäumt von hohen Bäumen. Von einer hohen Aussichtsplattform konnten wir auf dieses überraschende Loch in der Landschaft schauen, und nebenan im Big Hole Museum besichtigten wir dann einen renovierten Minenschacht. Unter welchen harten Bedingungen dort früher nach Diamanten gegraben wurde … unglaublich! Diamanten gab's natürlich auch anzuschauen, in verschiedenen Zuständen der Bearbeitung – ganz roh, vorgeschliffen, nachgeschliffen und dann als strahlend funkelndes Endergebnis.

»Es gab schon Herausforderungen: Im Sossusvlei habe ich während eines Sandsturms das Ojektiv gewechselt – schwierig, aber es hat geklappt«

Strahlen und funkeln sollen meine Bilder nicht, aber natürlich war auch mir ein Ergebnis dieser Reise wichtig: Ich habe den Wettbewerb von MERIAN und CEWE durch gute Fotos gewonnen, und gute Fotos sollten auch jetzt dabei herauskommen. Vor der Reise habe ich die wichtigen Fotospots rausgesucht, um zu schauen, wann ich wo bin und was es da zu sehen gibt, und ich habe dann versucht, möglichst das Licht zum Sonnenaufgang oder zum Sonnenuntergang zu erwischen. Ich benutze eine Sony Alpha Mark 3 und habe mir auch vorher noch ein Teleobjektiv gekauft, ein Sigma 100 bis 400 Millimeter, denn ich wusste, ich würde viele wilde Tiere sehen, und da wollte ich natürlich möglichst gut heranzoomen können. Diese Anschaffung hatte ich immer wieder aufgeschoben, weil man so ein Objektiv ja eigentlich nicht so oft braucht, aber jetzt habe ich es mir mal gegönnt, und es hat sich definitiv gelohnt. Insgesamt hatte ich einen großen Kamerarucksack voller Equipment dabei, darunter ein Laptop, mehrere Power Banks, drei Objektive, ein Stativ – und deswegen war der Rucksack ganz schön schwer. Allein das Teleobjektiv wiegt ja schon fast drei Kilo, alles in allem schleppte ich 15 Kilo Equipment mit. Ich habe den Rucksack als Handgepäck deklariert – der Reisepass passte gerade noch rein. Fotografisch gab es schon Herausforderungen: Einmal habe ich im Sossusvlei während des Sandsturms das Objektiv gewechselt, weil ich an die Tiere heranzoomen wollte, und Sand und feine Mechanik, das ist natürlich keine gute Kombi. Aber es hat geklappt, und für ein gutes Motiv würde ich das auch immer wieder wagen.

UND LOS!

So leicht kommen Sie an die schönsten Ziele in Namibia und Südafrika

Auf der Tour »Juwel der Wüste« von Lernidee Erlebnisreisen fährt der African Explorer in 16 Tagen vom Etosha-Nationalpark über Windhoek, Sossusvlei, Lüderitz und andere aufregende Ziele nach Kapstadt – ergänzt durch ein großes Ausflugsprogramm (ab ca. 6760 Euro pro Person). **lernidee.de**

Raubkatzen-fütterung

Um Leoparden und Geparden in der Wildnis abzulichten, braucht es Glück. Doch es geht einfacher: Auf der »Düsternbrook Guest Farm« nördlich von Windhoek leben die Wildkatzen praktischerweise in Freigehegen und werden gefüttert. Besucher können das Spektakel aus dem offenen Geländewagen bestaunen und zielsicher Schnappschüsse machen wie routinierte Wildlife-Fotografen. Für die Übernachtung auf der Farm stehen das sogenannte »Felsenhaus«, Zimmer im Kolonialstil und komfortabel ausgestattete Safari-Zelte zur Auswahl. **duesternbrook.net**

Khomas Hochland

Wer etwas mehr Zeit mitbringt, sollte das gebirgige Umland von Windhoek erkunden. Erfahrene Wanderer begeben sich auf den Khomas Hochland Hiking Trail, der in vier oder sechs Tagen fünf private Farmen verbindet. Unterwegs kann man Wildtieren wie Kudu- und Oryxantilopen, Warzenschweinen, Zebras und Pavianen begegnen. Alternativ bietet sich die Fahrt über eine Schotterpiste zum Bosua-Pass an. In dem heute als »Geisterhaus« bekannten »Liebighaus« gleich neben der Straße lebte einst der Direktor der Deutschen Farmgesellschaft.
ihikenamibia.com

Gegensätze ziehen uns an

Deutsche Architektur, namibische Kunst, wilde Tiere und erstklassige Restaurants: **Windhoek** zeigt sich als lebendiges Destillat der Vielfalt Namibias

TEXT **PHILIPP LAAGE**

Erleben

KOLONIALE ARCHITEKTUR

Zwar schneit es in Windhoek nie, doch das Dach des **Gathemann-Hauses** ist trotzdem so steil, dass Schnee sofort hinabrutschen würde – Architekt Wilhelm Sander dachte wohl an seine kalte Heimat. Im Erdgeschoss erinnert die **Luisen-Apotheke** bis heute an die deutsche Kolonialzeit von 1884 bis 1915, als Namibia Deutsch-Südwestafrika hieß. Weitere sehenswerte Gebäude aus dieser für die Einheimischen düsteren Epoche sind das **Erkrath-Haus** und das **Kronprinzenhaus,** ebenfalls direkt gegenüber vom Zoopark. Nahe der Stadt erheben sich außerdem gleich drei kleine Burgen mit Türmchen, Zinnen und Erkern.

AUTHENTISCHE HANDWERKSKUNST

Keinen importierten Ramsch, sondern echte regionaltypische Mitbringsel finden Reisende im **Namibia Craft Centre** in einem historischen Brauereigebäude. Der Markt ist die mit Abstand beste Anlaufstelle für Kunsthandwerk, Textilien und Schmuck. Nach dem Einkauf lädt ein gediegenes Café zu einem leckeren Stück Kuchen ein.
namibiacraftcentre.com

TOWNSHIP-TOUR

Katutura bedeutet übersetzt »Platz, wo wir nicht leben wollen«. Hier haust die arme Bevölkerung Windhoeks. Das Township im Norden ist ein Erbe der Apartheidgesetze, die auch in Nambia Zwangsumsiedlungen der schwarzen Bevölkerung nach sich zogen. Das geschäftige Viertel mit dem ältesten Friedhof der Stadt und einem lebhaften offenen Markt lässt sich am besten auf einer geführten Fahrradtour erkunden. Der Einblick in das oft entbehrungsreiche Leben der Menschen kann eine wertvolle Erfahrung abseits der heilen Lodge- und Safari-Kulissen sein.
facebook.com/KatuturaTours

Einkehren

SPITZENKÜCHE AUF DER BURG

Für ein gepflegtes Dinner mit sagenhafter Aussicht auf die Skyline von Windhoek empfiehlt sich das Gourmetrestaurant **Leo's at the Castle** auf der **Heinitzburg**. Der Gaumen hat hier großzügige Auswahl: Im Weinkeller des Nobelhotels findet sich die landesweit größte Auswahl an südafrikanischen Weinen. Ein Sundowner auf der Gartenterrasse rundet jede Namibia-Rundreise stilvoll ab. Kaffee und Kuchen gibt es ebenso.
22 Heinitzburg St., heinitzburg.com

DEUTSCHES BIER

Manchmal ist alles, was es braucht, bekanntlich ein frisch gezapftes Bier. Die traditionsreichste Adresse dafür ist **Joe's Beerhouse,** unter den deutschsprachigen Bewohnern der Stadt eine wahre Institution. In dem urigen Pub werden

FOTOS: JOHANNES KLAUS, GREGOR LENGLER (2)

In Namibias Hauptstadt Windhoek **(1)** erinnert die »Luisen-Apotheke« **(2)** an die Kolonialzeit – und das Restaurant in der Heinitzburg **(3)** erinnert daran, mal wieder richtig gut zu essen

Fleischspezialitäten von Kudu, Zebra und Springbock aufgetischt. Oder darf es Krokodilfilet mit Feta und Spinat sein? Einem Gläschen Jägermeister ist hier übrigens nur schwer zu entkommen.
160 Nelson Mandela Ave., joesbeerhouse.com

WINDHOEKS ITALIENER

Das **Sardinia Blue Olive** tischt auf, was sich die meisten unter klassischer italienischer Küche vorstellen: Pizza und Pasta. Daran ist nichts verkehrt, im Gegenteil: Das trubelige und zugleich entspannte Restaurant empfiehlt sich besonders für Familien, die ein unprätentiöses Ambiente und anständige Portionen zu schätzen wissen.
Schoeman's Building, Sam Nujoma Dr.

Übernachten

KLEIN UND FEIN

Das charmante Boutique-Hotel **The Olive Exclusive,** gelegen in einem Villenvorort, wartet mit sieben individuell eingerichteten Suiten auf, die jeweils einen anderen Landesteil Namibias repräsentieren. Durch die Fenster des eleganten wie modernen Restaurants fällt der Blick auf die umliegenden Berge, dazu lässt sich ein hervorragendes Glas Whiskey genießen. Die Auswahl lässt nur selten Wünsche offen.
2 Promenaden Rd., theolive-namibia.com

MIT KASINO

Das **Windhoek Country Club Resort** liegt fünf Minuten mit dem Auto außerhalb des Zentrums. Das Hotel verfügt über 154 Zimmer und Suiten, einen 18-Loch-Golfplatz und ein Spielkasino. Die Verpflegung der Gäste wird ganz praktisch über ein großes Buffet organisiert. Das Baden ist nicht nur im Pool, sondern auch in einem kleinen Fluss möglich.

Aus nächster Nähe

Wer ein Land kennenlernen will, sollte in den Zug steigen. Für Indien gilt das ganz besonders: Die Klassengesellschaft! Die Religionen! Die britische Kolonialherrschaft! Das hervorragende Essen! Schönheit und Grausamkeit fahren in indischen Zügen immer irgendwie mit

TEXT **HASNAIN KAZIM**

Kurz an die frische Luft: der Shatabdi Express beim Halt in Neu-Delhi

Um in Indien mit dem Zug zu fahren und nicht einen der hoffnungslos überfüllten nutzen zu müssen, muss man sich rechtzeitig um Tickets kümmern. Da die Platzzahl in den luxuriöseren Zügen begrenzt ist, sind sie schnell ausgebucht. Inder lieben das Fahren mit der Bahn, Indian Railways transportiert nach eigenen Angaben jährlich etwa acht Milliarden Passagiere, täglich fahren rund 12000 Züge. An Fahrkarten zu kommen, ist in Indien eine Kunst: Das Onlinesystem ist unübersichtlich und funktioniert nicht immer. Es gibt besser verständliche Seiten von privaten Betreibern, über die man für eine Gebühr zuverlässiger buchen kann. Oder, die einfachste Variante, man bucht direkt am Schalter. Neben dem Namen muss man Geburtsdatum und Geschlecht angeben, die genaue Verbindung inklusive Zugnummer und welche Klasse man buchen möchte, und wenn es dann keine Fahrkarten mehr gibt, heißt das noch lange nicht, dass nichts mehr geht: Es gibt unter anderem Quoten für Beamte, Soldaten und Parlamentarier, und für ausländische Touristen gibt es eigene Ticketkontingente. Manchmal geht also noch etwas, selbst wenn der Zug ausgebucht ist. Zugfahren in Indien ist kompliziert und anstrengend. Man sollte es als Abenteuer sehen.

Zum Beispiel die Fahrt mit dem Shatabdi Express von Neu-Delhi in die nordindische Metropole Amritsar im Bundesstaat Punjab. Für die 450 Kilometer braucht dieser Zug etwa sechs Stunden – Durchschnittsgeschwindigkeit: 75 Stundenkilometer. Nicht wirklich ein Express, aber einer der schnellsten Züge, die Indian Railways betreibt. Für diesen für indische Verhältnisse durchaus luxuriösen Schnellzug gibt es nur Karten mit Sitzplatzreservierungen. Beim Einsteigen stehen an den Türen uniformierte Zugbegleiter. Sie halten Bretter mit Passagierlisten in der einen Hand, einen Stift in der anderen. Jeden Einsteigenden fragen sie nach dem Namen, haken ihn auf ihren Listen ab und weisen dem Reisenden den Weg zum Waggon, in dem sich der reservierte Sitzplatz befindet.

In einem der besten Züge der Indian Railways soll niemand in den Gängen stehen oder auf dem Boden sitzen, niemand soll auf Trittbrettern stehend mitfahren oder gar auf dem Dach hocken – so etwas kommt bei anderen Zügen durchaus vor. Im Shatabdi Express sind alle Wagen klimatisiert, und während der sechsstündigen Fahrt von Neu-Delhi nach Amritsar werden immer wieder Zugbegleiter vorbeikommen und Tabletts mit Curry, Salat und Süßigkeiten austeilen. Und noch öfter werden sie durch die Gänge eilen und Tee und Wasser ausschenken.

Auf dem Dach – und auf Leben und Tod: ein überfüllter Zug bei der Fahrt durch den Bundesstaat Rajasthan

FOTOS: PRADEEP GAUR/MINT/GETTY IMAGES, DINODIA PHOTOS/ALAMY

Ich fahre gerne Zug in Indien. Meine Familie stammt aus Nordindien und Pakistan, das 1947 gegründet wurde und bis dahin Teil von British India war. Bis heute habe ich Verwandte in beiden Ländern, im pakistanischen Karatschi und im indischen Lucknow, im Bundesstaat Uttar Pradesh. Auch Lucknow ist ein Halt des Shatabdi Express, aber von Neu-Delhi aus in die andere Richtung. Mit dem Zug bekommt man ein besseres Gespür für die Geografie eines Landes, für seine Landschaften und seine Menschen als mit dem Auto oder gar mit dem Flugzeug, finde ich.

Dieser Shatabdi Express von Neu-Delhi nach Amritsar, in dem ich jetzt sitze, ist bis auf den letzten Platz besetzt. Geschäftsleute in Anzügen, Familien, bei denen drei Generationen unterwegs sind, junge Paare auf Honeymoon. Das Innere wirkt geräumig, die Abteile sind im Vergleich zu Zügen in Deutschland ziemlich breit. Nicht luxuriös, aber doch fein. Ganz anders jedenfalls als in vielen anderen Zügen, die zum Teil nur harte Holzbänke und vergitterte glaslose Fenster bieten. Wie die indische Gesellschaft, so sind auch die Züge Indiens sehr unterschiedlich: von superedel bis extrem einfach. Und wie im alltäglichen Miteinander haben die einen Vorrang vor den anderen, zum Beispiel, wenn es nur einspurig vorangeht: Je einfacher der Zug, desto länger die Wartezeit.

Bestens bewacht: Ein Stapel gut geschnürter Pakete wartet auf dem Bahnsteig auf die Verladung

Kaum ist der Zug in Delhi pünktlich um 7.20 Uhr abgefahren, packt eines dieser Paare Frühstück aus: Idlis, kleine, weiße Küchlein aus Bohnen und Reis – typisch für die südindische Küche, dazu Chutneys in allen möglichen Farben. Der Mann und die Frau kommen aus Chennai. Sie wollen ihr geografisch riesiges Land erkunden und haben dafür Dutzende Zugfahrten geplant, bis nach Amritsar im Norden. Das Paar bietet den Kindern der mitreisenden Familie etwas von ihren Idlis an. Die Eltern der Kinder wiederum häufen dem Paar etwas von ihrem in Blechdosen, den in Indien weit verbreiteten Tiffin Boxes, mitgebrachten Curry auf einen Blechteller. Kurz danach kommt der Zugbegleiter und teilt Frühstück aus: Tabletts mit köstlichem Curry und Parathe – heiße, fettige Fladenbrote. Man kennt einander nicht, und doch redet und isst man miteinander. Woher kommen Sie? Wohin reisen Sie? Was machen Sie beruflich? Das eigentliche Ziel jeder Kommunikation unter Fremden in Südasien ist, am Ende feststellen zu können, dass man in Wahrheit irgendwie miteinander verwandt ist. Es geht fröhlich zu. Jemanden anzusprechen, ein Gespräch anzufangen, wird nicht als das Überschreiten einer Grenze gesehen. Die Hürde, miteinander zu reden, liegt in Südasien niedriger als in Mitteleuropa.

Das war nicht immer so. Mein Vater, 1941 im indischen Lakhimpur zur Welt gekommen, hat mir oft erzählt, wie es in seiner Kindheit in den Zügen zuging: Hindus saßen in ihren Abteilen, Muslime in anderen, Sikhs hatten ihre eigenen Waggons, für andere gab es noch andere Plätze. Unter den Hindus gab es noch eigene Sitzordnungen, je nach Kaste, die mein Vater aber als muslimisches Kind nicht verstand. An den Bahnhöfen kamen fliegende Händler mit gewürztem Milchtee und mit Snacks aller Art – hinduistische Händler für Hindus, muslimische Händler für Muslime. Niemals, sagte mein Vater, wäre jemand auf die Idee gekommen, als Muslim sein Essen mit einem Hindu zu teilen, und niemals hätte ein Hindu etwas von einem muslimischen Händler gekauft. Beobachtet man heute das Wiedererstarken des Hindu-Nationalismus, scheinen solche längst vergangen geglaubten Zustände wieder möglich.

Der Zug hat Neu-Delhi verlassen und fährt nun durch den Bundesstaat Haryana. Die Großstadt weicht Dörfern – Ansammlungen von Lehm- und Blechhütten – und Feldern. Beim Zugfahren durch Indien werde ich daran erinnert, dass Indien, trotz Megametropolen wie Neu-Delhi, Mumbai, Kolkata oder Chennai ein Agrarland ist. Etwa 60 Prozent der Fläche werden landwirtschaftlich genutzt. Ein befremdlicher Anblick: Überall entlang der Gleise verrichten Menschen ihre Morgentoilette. In Indien leben knapp 1,4 Milliarden Menschen, das Land hat nach China die zweitgrößte Bevölkerung der Welt. Mehrere Hundert Millionen Menschen haben immer noch keinen Zugang zu sanitären Anlagen. Fährt man mit dem Zug durchs Land, wird man unweigerlich Zeuge dieses Zustands. Nach Haryana folgt der Bundesstaat Punjab, eine fruchtbare, durch Landwirtschaft und Industrie reiche Region, dicht besiedelt. Als der Subkontinent 1947, als die Briten ihn nach fast ein Jahrhundert dauernder Kolonialherrschaft verließen, in Pakistan und Indien geteilt wurde, verlief die Teilung mitten durch den Punjab. Der Osten dieser Provinz mit Amritsar, Stadt des Goldenen Tempels und religiöses und spirituelles Zentrum der Sikhs, fiel an Indien, während der Westen mit der Kulturmetropole Lahore fortan zu Pakistan gehörte. Es war ein Grauen: Vertreibungen,

Zwischen Genuss und Gedränge: Im Shatabdi Express verteilt ein Angestellter komplette Menüs (o.), in der Stadt Jalandhar sitzen Reisende wegen eines Streiks fest (u.)

FOTOS: EDWIN REMSBERG/ALAMY, PRADEEP GAUR/MINT/GETTY IMAGES, PARDEEP PANDIT/HINDUSTAN TIMES/GETTY IMAGES

Umsiedlungen, Vergewaltigungen, Massenmorde. Mehr als zehn Millionen Menschen verließen ihre Wohnorte. Hindus und Sikhs zogen Richtung Osten, nach Indien, während Muslime sich gen Westen auf den Weg machten, in den neuen Staat Pakistan.

In beide Richtungen nutzten Millionen von Menschen die von den Briten eingeführte Eisenbahn für ihre Flucht. Bilder aus jener Zeit zeigen übervolle Züge, Menschen, die sich aneinander klammern, ihre Habseligkeiten, die ihnen geblieben sind, in Koffern. Es sind Bilder, die sich ins kollektive Gedächtnis Indiens und Pakistans eingebrannt haben. Züge, in denen sich Hindus und Sikhs befanden, wurden von Muslimen angegriffen, Züge mit Muslimen von Hindus und Sikhs. Schätzungen gehen davon aus, dass etwa eine Million Menschen starben. »Die Muslime behaupten, die Hindus hätten das Morden geplant und damit angefangen. Nach Meinung der Hindus waren die Muslime schuld«, schrieb der indische Journalist und Schriftsteller Kushwant Singh in seinem 1956 erschienenen Buch »Der Zug nach Pakistan«. »Tatsache ist, dass beide Seiten gemordet haben. Beide Seiten haben Menschen erschossen, erstochen, mit Speeren aufgespießt und mit Keulen totgeknüppelt. Beide Seiten haben gefoltert. Beide Seiten haben vergewaltigt.« Familien wurden auseinandergerissen. So auch meine. Teile meiner Familie väterlicherseits und mütterlicherseits blieben in Indien, während andere nach Pakistan migrierten, in der Hoffnung, dort ein neues, sicheres Leben beginnen zu können. Millionen von Menschen legten damals dieselbe Strecke zurück, die seit 1988 der Shatabdi Express fährt: Muslime von der indischen Hauptstadt über Haryana und Punjab bis nach Amritsar, dort über die neue Grenze nach Pakistan. Hindus und Sikhs die entgegengesetzte Richtung. Eine Strecke, für die die Menschen damals Tage, manchmal Wochen benötigten.

Leben in Klassen: Ein Arbeiter trägt in der Kleinstadt Kalka das Gepäck für einen Fahrgast

Der Shatabdi Express ist immer noch langsam genug, um die Landschaft betrachten und in der Ferne die Menschen bei der Feldarbeit beobachten zu können. Inzwischen steht die Sonne hoch, und ich freue mich über den Luxus der klimatisierten Abteile. Man gleitet dahin durch das Fünfstromland, was die Bedeutung des Namens Punjab ist. Kein Wunder, denke ich, dass bei diesem umfassenden Service so viele Menschen bei Indian Railways arbeiten. Bei dem staatlichen Unternehmen sind etwa 1,4 Millionen Menschen beschäftigt. Es ist damit einer der größten Arbeitgeber weltweit. Dabei ist das Streckennetz gar nicht so groß: Mit etwa 70 000 Kilometern ist es zwar das viertgrößte der Welt. Doch es ist nur doppelt so groß wie das deutsche. Dabei ist Indien flächenmäßig mehr als neunmal so groß wie Deutschland.

Während ich damit beschäftigt bin, zu essen und den Gesprächen zu lauschen, stoppt der Zug an Orten, die mir nichts sagen: Ambala, Sirhind, Ludhiana, Phagwara, Jalandhar City, Beas. Politisch spielt die Verbindung Neu-Delhi Richtung Punjab und weiter nach Pakistan eine bedeutsame Rolle. Es ist die Strecke, die auch ein »Samjautha« genannter Zug – Hindi und Urdu für »Verständigung«, »Übereinstimmung« – zurücklegt, der einzige, der beide Länder miteinander verbindet, jedenfalls immer mal wieder. Ab 1976 verband er Neu-Delhi mit Lahore. Seit Ende der achtziger Jahre fährt er aus Sicherheitsgründen von der indischen Hauptstadt nur bis zur Grenze, aber immerhin ein paar Kilometer weiter als der Shatabdi Express. Dort müssen die Passagiere in einen anderen Zug umsteigen. Immer wieder, wenn die Lage zwischen beiden Ländern angespannt war, wurde die Verbindung eingestellt. Zeitweise gab es eine zweite Zugverbindung zwischen beiden Ländern, den Thar Express, der zwischen dem indischen Bundesstaat Rajasthan und der pakistanischen Metropole Karatschi pendelte. Aber die wurde inzwischen dauerhaft eingestellt. Züge sind in Südasien eben nicht nur ein Transportmittel, sondern auch ein Instrument der Diplomatie.

Kurz nach 14 Uhr, mit etwa einer halben Stunde Verspätung, trifft der Shatabdi Express in Amritsar ein. Dort warten schon die Gepäckträger am Bahnsteig: herausgeputzte Männer in Uniformen, zum Teil mit eindrucksvollen Bärten und mit großen Turbanen, die nicht nur Schmuck sind, sondern auch dazu dienen, Gepäck auf dem Kopf tragen zu können. Dazwischen: Essensverkäufer – noch mehr Essen! –, Bettler, Menschen, die jemanden vom Bahnhof abholen wollen. So endet ein sechsstündiges Abenteuer, und der Plan steht, das nächste Mal einen einfacheren Zug zu nehmen, Holzklasse im wahrsten Sinne des Wortes. ■

Hasnain Kazim *ist Journalist und Buchautor, er schrieb für das Südasienbüro der »dpa« in Delhi und war für den »Spiegel« als Auslandskorrespondent in Islamabad.*

Abfahren und Tee trinken

Auch das gehört zu den Kontrasten der indischen Gesellschaft: Das Gedränge bei den öffentlichen Zügen – und die Opulenz der Luxuszüge, die zu den beliebtesten Asiens gehören. Wir zeigen Ihnen die vier schönsten

In den Zügen auf dieser Seite werden die Gäste kulinarisch auf höchstem Niveau umsorgt, nachts schlafen sie an Bord.

DECCAN ODYSSEY

Unbeirrbar gleitet dieser Zug seit 2004 durch Indien, seine besonders beliebten Routen führen von Chennai an der Ostküste über den Süden des Landes bis hinauf nach Mumbai im Westen und von Kalkutta nach Norden und über Darjeeling und Jaipur nach Westen, und dann hinab nach Mumbai. Als einziges Unternehmen bietet Lernidee einen deutschsprachigen Exklusiv-Charter auf diesen Routen an, tagsüber locken einige der faszinierendsten Ausflugsziele des Landes: Auf der südlichen Route fahren die Fahrgäste mit der Nilgiri-Schmalspurbahn durch die Kardamomberge, Exkursionen führen auch zur Mogul-Architektur von Vijayapura (Bijapur), zum größten Tempel Südindiens in Madurai, oder mit einem Hausboot durch die Wasserwege in den Backwaters (zwölf Tage mit An- und Abreise ab ca. 8800 Euro pro Person). Ganz anders die Route im Norden, hier geht es in den Himalaya nach Darjeeling, dann nach Varanasi, bekannt als Indiens »heiligste Stadt am Ganges«, später zum Taj Mahal und zur Tigersafari im Nationalpark Ranthambore.

15 Tage mit An-und Abreise ab etwa 7980 Euro pro Person, lernidee.de

MAHARAJAS' EXPRESS

Für seine Mischung aus detailreicher Pracht und moderner technischer Ausstattung hat der Maharajas' Express schon zahlreiche Auszeichnungen erhalten, seine vier unterschiedlichen Routen führen zu allen sehenswerten Zielen des Landes wie Agra mit dem Taj Mahal, zu den Palästen von Jodhpur oder zur Bernsteinfestung in Jaipur.

Die viertägige Tour »Treasures of India« kostet ab etwa 9500 Euro für zwei Personen. the-maharajas.com

PALACE ON WHEELS

Was die Ballung von Mustern in den Schlafzimmern angeht, hat man sich bei der Innenausstattung dieses Zuges keine Zügel angelegt – die Bezeichnung als »Palast auf Rädern« findet in der üppigen Gestaltung auf jeden Fall ihre Berechtigung. Gleichzeitig zeigen Gemeinschaftsräume wie die Lobby mitunter eine angenehme Schlichtheit. Praktisch: Start- und Endpunkt der achttägigen Tour ist in Neu-Delhi, dazwischen liegen aufregende Besuche beim Palast der Winde in Jaipur, bei der Festung Chittorgargh, das als UNESCO-Welterbe anerkannt ist, und beim Palast von Udaipur aus dem 17. Jahrhundert.

Für zwei Personen ab etwa 10 300 Euro. thepalaceonwheels.com

GOLDEN CHARIOT

Ein Chariot ist ein von Pferden gezogener Streitwagen für eine stehende Person aus der Antike – die Bezeichnung als Golden Chariot gibt diesem Zug eine mythische Note, die zu seinen Ausflugszielen im Süden Indiens passt: Die Tour »Glimpses of Karnataka« führt den Zug mit dem kraftvollen Lila-Gold-Farbthema zum Bandipur-Nationalpark, in den Amba-Vilas-Palast in Mysore und nach Hampi, das einst die Hauptstadt des Vijayanagara-Königreichs war.

Die viertägige Tour kostet für zwei Personen ab etwa 6200 Euro. goldenchariot.org

FOTO: KEDAR M DIOXIDEPHOTOGRAPHY

Schlafgemach: Die geblümte Bettwäsche gibt der Deluxe-Kategorie des Deccan Odyssey ein leises britisches Gepräge

UNVERGESSLICHE BRÜCKENTAGE

Der Tourismus im Kruger-Nationalpark rollte auf der Schiene an. Die ersten Gäste, die ab den 1920er Jahren durch das Gebiet fuhren, übernachteten im Zug, der dafür auf der Selati-Brücke hielt. Genau dieses Erlebnis ist wieder möglich: Für die Luxuslodge »Kruger Shalati« wurden auf der 1912 fertiggebauten Eisenbahnbrücke 24 ehemalige Waggons zu Zimmern umgestaltet, mit großen Fenstern zur Natur. Beste Bedingungen, um Krokodile, Elefanten, Flusspferde und viele weitere Tiere zu beobachten – mit etwas Glück auch direkt vom Pool des Barwagens aus ...
krugershalati.com, DZ ca. 1000 Euro

Einsteigen und abschalten: »Platform 1346« ist eine charmante Ferienwohnung in Tennessee, die in einem historischen Eisenbahnwagen eingerichtet wurde

Wir nennen es: Abstellnice

Wer Züge liebt, aber nachts darin nie zur Ruhe kommt, ist in diesen Unterkünften goldrichtig: Sie bieten bequeme Betten in ehemaligen Waggons

EINSTEIGEN ZUR ZEITREISE

Drei Stunden von Sydney entfernt ist das **Ruwenzori Retreat** ein charmanter Rückzugsort in der Weinregion Mudgee. Auf einem bewaldeten Hügel mit wunderbarem Weitblick arbeitet Scott McGregor seit den achtziger Jahren an seinem *train to nowhere*, den Gäste exklusiv buchen können. Seine Unterkunft besteht aus sechs historischen Waggons, die an die goldene Zeit der Zugreisen erinnern. Mit Detailfreude hat Scott die Wagen restauriert, etwa einen Speisewagen von 1890 oder einen Schlafwagen aus den 1920er Jahren mit polierten Zedernholzwänden – Orient-Express-Flair im australischen Busch. stayinatrain.com, ganzes Retreat ab 360 Euro (2 Pers.)

SÜDSTAATEN-CHARME

Eisenbahnromantik in Tennessee: Auf einem weitläufigen, grünen Grundstück außerhalb von Maryville kann man in einem Waggon aus dem Zweiten Weltkrieg unterkommen. Von außen wirkt er etwas trutzig, doch Adrienne, Dean und Tochter Tayler haben das Innere zu einer komfortablen Ferienwohnung mit dem Namen **Platform 1346** umgebaut, mit hellen Wänden, Klappbett und sogar einer Terrasse. Die drei bieten auf ihrem Anwesen noch zwei weitere ungewöhnliche Unterkünfte an: einen der Sängerin Dolly Parton gewidmeten Wohnwagen mit vielen Memorabilien und eine geräumige Ferienwohnung in einem ehemaligen Flugzeughangar. platform1346.com, ab 320 Euro

RUHEZONE AM BAHNHOF

Ein Mitropa-Büfettwagen, ein Salonwagen des ehemaligen Regierungszuges der DDR, ein Waggon der königlich-sächsischen Eisenbahn von 1895: Seit der Eröffnung vor über dreißig Jahren wurden am ehemaligen Bahnhof Wolkenstein im Erzgebirge immer mehr Zugteile für Gäste hergerichtet. Heute haben Reisende im **Wolkensteiner Zughotel** unter anderem die Wahl zwischen klassischen, entsprechend engen Abteilen, etwa in einem Schlafwagen von 1967, und ganzen Waggons, die zu Ferienwohnungen für zwei bis acht Personen mit Kamin, Küche und Bad umfunktioniert wurden. wolkensteiner-zughotel.de, DZ ab 89 Euro

BRITISCHE ZUGBEGEISTERUNG

Bei Ludlow westlich von Birmingham trifft Eisenbahn-Begeisterung auf englisches Landleben: Umgeben von Natur können Gäste bei Tash und Sam in einem wunderbaren Retro-Eisenbahnwaggon der **Great Western Railway** übernachten, der britischen Eisenbahngesellschaft also, die 1833 gegründet und 1947 verstaatlicht wurde. Am Himmel kreisen manchmal Rotmilane, durch den Garten laufen Fasane. Eingerichtet ist der Wagen *very british,* mit Ledersofa, Tapeten und Teppich. Er lässt sich über die Plattform Airbnb buchen, ein guter Ort, um weitere Unterkünfte in Waggons und allerlei andere originelle Unterkünfte zu finden. airbnb.de/rooms/45564108, ab 120 Euro

NOSTALGIE AM NATIONALPARK

Seit dem Sommer 2022 haben Reisende mit dem **Intercontinental Khao Yai Resort** in der Nähe des Nationalparks Khao Yai in Thailand eine weitere feine Adresse zur Wahl. Gäste übernachten umgeben von Wäldern und sieben künstlichen Seen – und in besonderer Atmosphäre: Der Architekt Bill Bensley hat sich bei der Gestaltung der weitläufigen Anlage ganz dem Thema Zug verschrieben. Gäste erhalten zum Beispiel Bordkarten und finden in den Zimmern eine zugtypische Gepäckablage. Mit im Spiel war auch viel Upcycling: Die Suiten etwa sind aus umfunktionierten Eisenbahnwaggons entstanden, die einst durch Thailand gerattert sind. ihg.com/intercontinental, DZ ab 170 Euro

Was für ganz Auf

1 Die Entdeckung der Langsamkeit: In Zürich startet die 14-stündige Reise durch fünf europäische Länder.
2 Am Ziel liegt Zagreb mit seiner lebendigen Oberstadt

gewekckte

Weniger Kohlendioxid, mehr Gelassenheit: Die Nachtzüge erleben in Europa eine Renaissance. Unsere Autorin ist im Schlaf von Zürich nach Zagreb gefahren und über München zurück – eine Reise, bei der man Europa wirklich spürt

TEXT **ALIA BEGISHEVA**
FOTOS **ISABELA PACINI**

1

2

1 Der Schaffner Marko ist der gute Geist des Zuges – er checkt Listen und verteilt auch schon mal Törtchen an die Fahrgäste **2** Start in Zürich: Unsere Autorin ist ein ausgesprochener Sonnenschein, aber das Licht links im Bild ist auch nicht schlecht **3** Wir dürfen den Hauptbahnhof von Zagreb wohl als Palast für die Eisenbahn auffassen **4** Wie in der Jobbeschreibung: Die Autorin flaniert über die Flaniermeile Tkalčićeva in Zagreb

In meiner Kindheit begann mit dem Nachtzug der Sommer. Eine Nacht und ein halber Tag Zugfahrt trennten mich von meinen Großeltern, von den Aprikosen und Kirschen im Garten, aus denen die Oma Marmeladen kochte, von den Flusskrebsen, die von dem Teller herunterhingen, den der Nachbar vorbeibrachte, von dem geheimnisvollen Schuppen hinter dem Haus, in dem ich alte Puppen fand. Der Nachtzug war das Tor in diese Zauberwelt und Teil davon. Ich habe schnell die Rituale verinnerlicht: Als Erstes die Zahnbürste rausholen und ins Netzfach über der Liege stecken, das Bett beziehen, damit man es nicht machen muss, wenn man schon müde ist. Dann das Buch unter dem Kissen verstauen, den Koffer unter die untere Liege schieben, Schuhe gleich hinterher und schnell nach oben, Platz machen für die Mitreisenden. Das gleichmäßige Ruckeln des Zuges, das einen in den Schlaf wiegte, war eine der schönsten Sachen, die das Leben zu bieten hatte. Das ist bis heute so geblieben.

Der kroatische Schaffner Marko sammelt die Tickets ein, die wir vorher zu Hause am Computer ausgedruckt haben – es ist so wunderbar altmodisch!

Mit dem Ping, mit dem die Tickets für den Euronight EN 465/415 von Zürich nach Zagreb in meinem Email-Postfach landen, setzt die Vorfreude ein. Wird es ein Fach für die Zahnbürste geben? Der Reisepass soll gleich unter das Kissen, so hat man ihn bei sich, wenn nachts die Grenzkontrolle kommt. Ich überlege, in welcher Kleidung ich bequem schlafen kann. Ich schließe die Augen und höre das Rattern des Zuges. Und ich freue mich auf das noch unbekannte Zagreb, die kleine Schwester von Wien, wie die Hauptstadt Kroatiens manchmal auch genannt wird.

An einem warmen Juniabend stehen Isabela, die Fotografin aus Hamburg, und ich kurz vor halb neun am Gleis 11 am Züricher Hauptbahnhof und halten Ausschau nach dem Liegewagen 316, in dem wir die Plätze 81 und 82 in einem Damenabteil mit Sechserbelegung gebucht haben. Anfangs sind wir zu dritt, eine Französin fährt mit bis nach Ljubljana, das schon kurz nach acht Uhr morgens erreicht wird. Mitten in der Nacht werden drei junge Österreicherinnen mit riesigen Koffern zusteigen und diese kichernd und mit viel Mühe auf ihre Liegen hieven. Sie sind offenbar nicht mit dem Nachtzug zu ihren Großeltern gefahren.

Eigentlich kommt man von Deutschland aus besonders schnell aus München nach Zagreb. Nur rund neun Stunden dauert die Fahrt und kostet ab 69,90 Euro im Schlafwagen (ein bis drei Betten im Abteil) oder ab 49,90 Euro im Liegewagen (vier bis sechs Betten). Da wir aber recht kurzfristig buchen, sind die Züge aus München bereits voll. Deshalb starten wir in Zürich, was die Hinfahrt um fünf Stunden verlängert. Dafür kommen diejenigen, die Zugreisen lieben, bei dieser Strecke, die durch fünf europäische Länder führt, richtig auf ihre Kosten.

Pünktlich um 20.40 Uhr setzt sich der Zug langsam in Bewegung, und wir gleiten fast eine Stunde gen Alpen entlang des Zürichsees, über dem die Sonne untergeht und das perfekte Licht für Glücksgefühle bietet: Badestrände ziehen vorbei, gefüllte Restaurants und Strandbars, Menschen in Booten und Menschen auf Stand-up-Boards, Menschen, die mit Hunden spielen, und Menschen, die auf Picknickdecken liegen – ein traumhafter Sommerabend in Europa kurz vor der Sonnenwende, eine Welt, die in diesen Tagen so zerbrechlich scheint. Erst hinter dem Walensee verschwindet die Sonne endgültig hinter den hohen Bergen.

Der Zug ist ausgebucht, und der charmante kroatische Schaffner Marko hat alle Hände voll zu tun, was auch ein dickes Heft beweisen soll, in das er etwas einträgt. In einem Nachtzug hat nämlich jeder Waggon seinen eigenen Schaffner, was letztlich diese Art von Reisen für die Bahngesellschaften unrentabel macht. Damenabteile scheinen Markos Spezialität zu sein, er erklärt im besten Deutsch, dass man die Tür nachts doppelt verriegeln soll (»wenn die Passkontrolle kommt, werde ich klopfen«) und

Alles auf die Hand: Ein Getränkestand im Art Park von Zagreb, einer Mischung aus öffentlicher Galerie und fröhlichem Kulturzentrum

MEDVEDGRAD
ŠTO TREBAŠ UČINITI?

verspricht, Rotwein vorbeizubringen, wenn er »alles erledigt« hat. Zu den Erledigungen gehört unter anderem das so schön altmodische Einsammeln aller Tickets, von denen die meisten Computerausdrucke sind. Kurz vor der Ankunft um 11 Uhr am Glavni kolodvor, dem Zagreber Hauptbahnhof, gibt er sie uns wieder zurück – zusammen mit zwei eingeschweißten kroatischen Törtchen.

Überhaupt fühlt man sich in diesem Nachtzug nach Zagreb in alte Zeiten versetzt, in denen es keine Low-Cost-Airlines und Flix-Busse gab und Zugreisen ein vernetztes Europa erst überhaupt möglich machten. Heute, rund 140 Jahre nach der ersten Fahrt des legendären Orient-Expresses von Paris nach Giurgiu in Rumänien, erleben die Nachtzüge in Europa eine Renaissance. Vorreiter sind die Österreicher, die auch die Lücke füllen, die nach dem Ausrangieren der letzten deutschen Nachtzüge im Jahr 2016 entstand.

Das ÖBB-Nachtnetz mit den Strecken Berlin-Wien, München-Rom, Hamburg-Zürich und – seit Dezember vergangenen Jahres – auch Wien-Salzburg-München-Paris, bietet viele Verbindungen. Alle Waggons haben Waschräume oder bieten Waschgelegenheiten in den Abteilen, in den De-Luxe-Abteilen gibt es sogar Duschen und WCs. Für Fahrgäste der Liege- und Schlafwagen wird Frühstück serviert.

Es gibt aber auch andere Anbieter: Im April wurde nach zweijähriger pandemiebedingter Pause die Verbindung Istanbul-Sofia wieder aufgenommen, wenn auch ohne den Luxus der Orient-Express-Tage. Von April bis September fährt täglich der privat betriebene Berlin-Night-Express von der deutschen Hauptstadt über Hamburg, Kopenhagen und Malmö nach Stockholm in Schweden. In Finnland verkehrt ein Santa-Claus-Express von Helsinki nach Kemijärvi in Lappland nördlich des Polarkreises – mit einem Halt in Rovaniemi, bekannt als die offizielle Heimat des Weihnachtsmanns.

Zagreb ist sehr jung: Rund 40 000 Studierende leben hier und prägen das Bild der Stadt mit ihren vielen Cafés, Bars, Clubs und Restaurants

Die französischen Intercités de nuit führen von Paris nach Toulouse, nach Briançon in den französischen Alpen oder auch in die Pyrenäen. Die französische Bahngesellschaft SNFC plant mit der Deutschen Bahn eine Verbindung zwischen Berlin und Paris.

Das Potenzial ist aber damit noch lange nicht ausgeschöpft. In Zeiten der Klimakrise will nun auch die Deutsche Bahn es wieder nutzen: Erst vor Kurzem haben ÖBB und DB verkündet, die Nachtzug-Angebote für 13 europäische Metropolen gemeinsam mit anderen europäischen Bahnbetrieben auszubauen und die Nightjet-Reisenden bis 2026 auf jährlich drei Millionen zu verdoppeln. Die ersten »Nightjets der Zukunft«, unter anderem ausgestattet mit einem elektronischen Zutrittssystem und neu gestalteten Liegewagen, sollen ab 2023 fahren.

Obwohl die Nacht nicht ohne Unterbrechungen verlief, fühle ich mich ausgeruht. Der von vielen Füßen der Reisenden geschliffene Steinboden am Gleis 1 des Hauptbahnhofs von Zagreb glänzt in der Sonne. An der Überdachung sind Blumentöpfe mit Zimmerpflanzen befestigt, was das festliche Gefühl verstärkt. Wir lassen uns von der fröhlichen Verkäuferin am Kiosk in der imposanten Bahnhofshalle mit einem Kaffee und »hvala«, »danke«, unserem kroatischen Vokabular für die nächsten zwei Tage, ausstatten und setzen uns vor dem Bahnhof auf das Postament der Statue von König Tomislav, um uns umzuschauen. An der Statue steht in lateinischen Buchstaben die Zahl 925, aber er war nicht der 925. König dieses Namens: Wie es sich herausstellt, wird hier das Jahr des Antritts der Herrschaft angegeben.

Im Mittelalter bestand Zagreb noch aus zwei Siedlungen, die auf zwei benachbarten Hügeln lagen: das säkulare Gradec im Westen, auch als »Oberstadt« bekannt, das sich früh zu einem wichtigen Handelszentrum entwickelte, und das kirchliche Kaptol im Osten, religiöses Zentrum und Bischofssitz. 1850 wurden beide Siedlungen zu Zagreb vereint, die Stadt blühte auf. Heute sind keine Unterschiede mehr sichtbar, die einstige Grenze ist der Fußgängerzone Tkalčićeva mit ihren pastellfarbenen Häusern

1 Nach der aufregenden Fahrt in der Zahnradbahn ist es Zeit für eine Stärkung – an Gasthäusern herrscht in der historischen Unterstadt kein Mangel **2** Und danach schön so zwei bis vier Absacker in quirligen Läden wie dem »Swanky Monkey Garden«

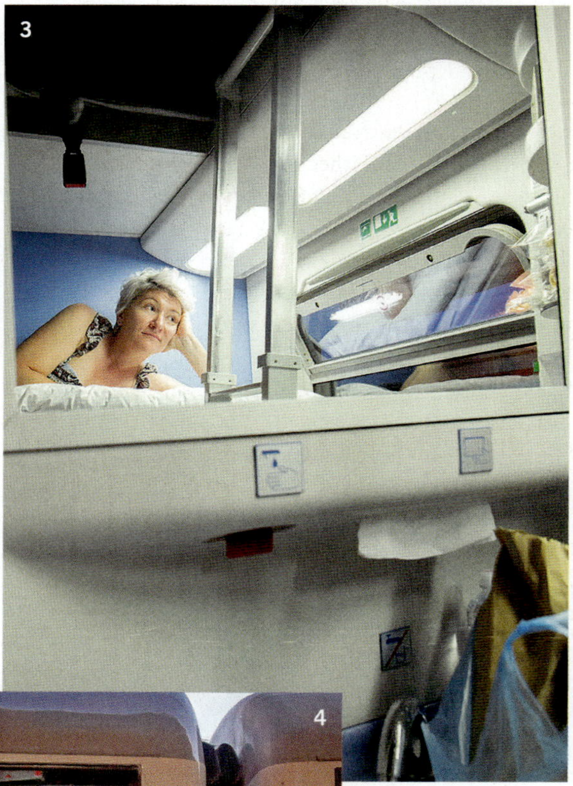

1 Ihr habt doch alle 'nen Schatten: Sonnenschirme auf dem Markt Dolac mit der Kathedrale von Zagreb im Hintergrund **2** Uns dämmert was: Abendstimmung in der Unterstadt **3** Um mal dem Plastik eine Lanze zu brechen: Es gibt Oberflächen und Formen, die kriegst du mit Holzvertäfelung einfach nicht hin **4** Mit schwerem Herzen und leichtem Gepäck geht es heim: Noch steht der Nachtzug nach München in Zagreb

gewichen, unter deren Pflastern der Fluss Medveščak zum Strom Sava fließt. Dort sind zahlreiche Boutiquen und Restaurants zu finden, darunter auch eine der vier Gaststätten der Zagreber Mikrobrauerei Pivovara Medvedgrad, deren Bier man unbedingt probieren sollte.

Die kroatische Hauptstadt mit ihren rund 800 000 Einwohnern kann nicht mit dem Flair von Wien, Budapest oder Paris konkurrieren. Und dennoch hat sie alles zu bieten, was eine europäische Metropole ausmacht: eine Kathedrale, das Wahrzeichen der Stadt, mit Bischofsgräbern und Fresken aus dem 12. und 13. Jahrhundert. Eine mondäne Universität, eine der ältesten Südeuropas. Pompöse Barockfassaden und schattige Parkanlagen, zu denen der Art Park gehört, ein Treffpunkt für Künstler und Veranstaltungsort für Festivals und Events. Zahlreiche Museen und Kunstgalerien, darunter auch die Galerie der alten Meister mit Werken von Poussin und Brueghel. Und einen Marktplatz, auf dem jeden Tag bis 14 Uhr unter roten Schirmen Eingelegtes, Olivenöl, Gemüse und Obst verkauft werden – und Sauerkirschen, die nach dem Sommer bei der Oma schmecken.

Der Zauber der Stadt liegt in ihrer Unaufgeregtheit: Selbst der Präsidentenpalast und das Parlamentsgebäude, von dessen Balkon die Loslösung von der K.-u.-k.-Monarchie und die Unabhängigkeit von Jugoslawien proklamiert wurden, fallen nicht groß auf, die Hauptsehenswürdigkeit des Regierungsviertels ist die Kirche St. Markus mit ihren farbig glasierten Dachziegeln, die die Wappen von Kroatien, Dalmatien, Slawonien und Zagreb zeigen. Zagreb ist relaxed und dadurch sehr erholsam, eine perfekte Destination für einen Wochenendtrip. Und damit niemand auf die Idee kommt, in einem der vielen Liegestühle einzuschlafen, die hier vor Cafés stehen, wird jeden Tag zur Mittagsstunde aus dem Lotrščak-Turm in der Oberstadt ein Kanonenschuss abgefeuert. Von dort oben hat man übrigens einen grandiosen Blick über die Stadt.

Zagreb ist überschaubar. Man kann das Zentrum sehr gut zu Fuß erkunden oder auch mit der Straßenbahn fahren, zum Beispiel, um bei »Eggspress« östlich von der Stadtmitte zu frühstücken. Und wer keine Treppen in die Oberstadt steigen möchte, lässt sich von der Standseilbahn nach oben bringen, die Teil des öffentlichen Verkehrsnetzes ist und vier Kuna (etwa 70 Cent) kostet.

Zagreb ist jung, rund 40 000 Studierende leben hier und prägen das Stadtbild mit vielen Cafés, Clubs, Bars und Bioläden. Nach Anbruch der Dunkelheit wird die ganze Stadt gefühlt 30 Jahre jünger. Die jungen Menschen treffen sich auf dem zentralen Ban-Josip-Jelačić-Platz und ziehen von dort wie Ameisen in alle Richtungen, in den hippen »Swanky Monkey Garden«, den »Bulldog Pub« oder in das Studentencafé »Spunk«, das sich bei Nacht in einen lauten Club zum Tanzen und Feiern verwandelt.

Es ist sicherlich kein Zufall, dass sich ausgerechnet in Zagreb das Museum der zerbrochenen Beziehungen etablierte, das ursprünglich als eine Wanderausstellung konzipiert war. Vom alten Wundschorf eines Verflossenen über Hochzeitskleider bis zum Sexspielzeug – die Sammlung der Erinnerungsstücke ist beeindruckend. Zu den Exponaten gibt es traurige, rührende oder auch lustige Geschichten auf Kroatisch und Englisch. Für die deutsche Übersetzung muss man sich einen Katalog ausleihen.

Erstaunlich wenige Reisende gibt es in Zagreb, man trifft mehr Amerikaner als Deutsche, viele der Touristinnen und Touristen scheinen aus dem Inland zu kommen. Unsere Reise endet sogar mit einem Highlight: Wir haben ein Schlafabteil!

Diesmal fahren wir die kürzere Strecke nach München, die Abfahrt ist um 21.27 Uhr, die Ankunft schon vor sieben Uhr morgens. In unserem Abteil im Schlafwagen sind wir nur zu zweit, das ist sehr kommod. Die Liegen sind übereinander auf einer Seite, auf der anderen ist ein Waschbecken. Ich hole meine Zahnbürste aus dem Koffer, lege meinen Pass unter das Kissen und mache es mir bequem. Und während der Zug mich in den Schlaf wiegt, denke ich an das schöne Zagreb und flüstere »hvala«. ■

Die Zahnbürste ist ausgepackt, der Reisepass liegt unter dem Kopfkissen, die Autorin hat sich ins Bett geschnuddelt: fast wie damals auf dem Weg zu Oma

Traumreisen: Im Nachtzug durch Europa

Einfach die Augen schließen und an einem anderen Ort wieder erwachen – Nachtzüge versprechen Komfort und Entschleunigung. Und manchmal auch ein kleines Abenteuer

Totgeparkte leben länger – das gilt wohl besonders für Nachtzüge. Verloren sie in den vergangenen Jahrzehnten stetig an Bedeutung und an Strecken, erleben Nachtzüge in Europa gerade eine Renaissance. Nicht zuletzt wegen der Klimakrise steigt die Nachfrage, und viele Bahngesellschaften bauen ihre Angebote wieder aus. Von fahrenden Luxushotels über praktische Transportmittel bis zu kleinen Abenteuern, in Europas Nachtzügen findet jeder eine passende Verbindung.

HAMBURG–STOCKHOLM: DIE NEUE

Der Norden rückt noch näher zusammen. Ab September 2022 gibt es eine neue Nachtverbindung zwischen Hamburg und Stockholm. Um 21:55 Uhr geht es in Hamburg-Altona los, mit Kurs nach Norden. Die schwedische Bahngesellschaft SJ schickt ihre EuroNight-Züge dann jeden Tag die 1150 km in die nordische Hauptstadt und zurück. Die Strecke führt unter anderem über Kopenhagen, Odense und Malmö, bevor sie um 09:53 Uhr Stockholm erreicht. Die neue Verbindung startet genau zur rechten Zeit: Die glitzernden Lichter Stockholms sind im Winter einfach bezaubernd.

Einen Platz im Liegewagen bekommt man ab etwa 60 Euro. Buchung unter: sj.se

NORWEGEN: DIE MAGISCHE

Die Nordlandsbahn ist die längste Zugstrecke Norwegens. Auf 729 Kilometern durchfährt sie einige der schönsten Landschaften, die Europa zu bieten hat. Startpunkt der etwa zehnstündigen Fahrt ist die Universitätsstadt Trondheim. Im Saltfjellet-Gebirge überquert der Zug auf dem 66. Breitengrad den Polarkreis. Endstation der Fahrt ist Bodø. Die Kulturhauptstadt Europas 2024 bietet einen spannenden Mix aus Kultur und Natur und ist ein idealer Ausgangspunkt für Touren auf die Lofoten. Man könnte sich jetzt fragen, warum man eine Bahnfahrt durch die norwegische Natur ausgerechnet mit dem Nachtzug zurücklegen sollte. Die Antwort ergibt sich aus der Reisezeit: Im Sommer erleuchtet die Mitternachtssonne den Weg. Im Winter kann, wer Glück hat, schon auf der Fahrt die Aurora borealis, das Polarlicht, erleben. Das bunte Himmelsspektakel macht die nächtliche Zugreise zu einem magischen Erlebnis.

Für ein Schlafabteil wird ein Aufschlag von 950 Norw. Kronen (etwa 90 Euro) zum regulären Ticketpreis von ca. 20 Euro berechnet. Buchung unter: sj.no

ISTANBUL–PARIS: DIE LEGENDE

... lebt! Der vielleicht berühmteste Nachtzug durchquert auch außerhalb von Agatha-Christie-Krimis Europa. Der Venice-Simplon-Orient-Express ist kein Zug, in den man steigt, um anzukommen. Hier ist der Weg das Ziel, und das eigentliche Ziel ist eher zweitrangig. Die Reise ist ein nostalgisches Erlebnis der Extraklasse. Die Züge sind aufwendig im Art-déco-Stil der 1920er Jahre restauriert und bieten hochkarätigen Nostalgie-Kitsch. Während der traditionsreichen Strecke Istanbul–Paris schwelgen Reisende fünf Nächte im Luxus, Spitzengastronomie und Ausflüge zu ausgewählten Highlights entlang der Strecke inklusive. Bei einer so glamourösen Reise wird von den Passagieren selbstverständlich auch ein entsprechendes Auftreten erwartet. Der Dresscode: »You can never be overdressed on the Venice-Simplon-Orient-Express train.« Auch die Kosten der Fahrt sind exquisit, Zeitreisen haben eben ihren Preis.

Für die Gesamtstrecke Istanbul–Paris werden etwa 17 000 Euro fällig. Kürzere Strecken gibt es ab etwa 2000 Euro. Buchung unter: lernidee.de

WIEN–PARIS: DIE KLASSISCHE

Die Strecke Wien–Paris ist der Klassiker unter den europäischen Nachtzügen, eine Route wie aus einer anderen Zeit: einer Zeit, in der Wien und Paris Zentren der westlichen Welt waren und in der Künstler und Visionäre einander gute Nacht sagten – zweifelsohne im Nachtzug. Heute fährt der ÖBB Nightjet die Strecke in etwa 14 Stunden. Schnörkellos, aber komfortabel gelangt man von Wien in die französische Hauptstadt. Und die ist auch im 21. Jahrhundert immer eine Reise wert.

Einen Platz im Liegewagen gibt es für etwa 130 Euro. Buchung unter: nightjet.com

TÜRKEI: DIE WILDE

Der Ost-Express von Ankara nach Kars erlebt gerade ein überraschendes Revival. Der Zug quer durch die Türkei hat unter dem Hashtag #doguekspresi Kultstatus erreicht. Er durchquert schon seit

FOTOS: BELMOND, YNGVE OLSEN/VISIT NORWAY, PHOTO SJ, OZAN KOSE/AFP/GETTY IMAGES

1 Nostalgie und Luxus: der Venice-Simplon-Orient-Express **2** Im Winter entfaltet die Region nördlich des Polarkreises ihre ganze Magie **3** Ab September erreicht man Stockholm im Schlaf **4** Geselligkeit und ein bisschen Chaos: Die Fahrt mit dem Doğu Ekspresi ist ein kleines Abenteuer

den 1930er Jahren die Türkei, ursprünglich von Istanbul aus, heute beginnt die Reise in Ankara. Endstation ist nach etwa 26 Stunden Kars nahe der türkisch-armenischen Grenze. Die 1300 Kilometer führen durch grandiose Landschaften und streckenweise am Euphrat entlang. Wer hier einen glamourösen Zug à la Orient-Express erwartet, liegt falsch. Zwar sind die Züge wirklich schon älter, historische Eleganz findet man hier aber eher nicht. Beliebt sind die Fahrten im Winter, wenn das anatolische Hochland von Schnee bedeckt ist. Zur Grundausstattung für eine Instagram-taugliche Ost-Express-Fahrt gehören dann: eine Lichterkette, flauschige Socken und eine dekorative Wolldecke. Nach dem Ansturm auf die Tickets hat die Bahngesellschaft TCDD einen zusätzlichen Zug auf die Schiene gebracht, den Touristik Ost-Express. Wer in einem der Züge mitfahren will, muss sich beeilen, Tickets sind schnell ausverkauft.

Tickets für Schlafabteile im regulären Ost-Express gibt es ab etwa 150 Türkische Lira (ca. 8,50 Euro). Buchung unter: tcddtasimacilik.gov.tr/tren/dogu-ekspresi

ITALIEN: DIE SÜSSE

Einmal den Stiefel herunter. Die Bahnstrecke von Mailand nach Palermo mit dem InterCityNotte dauert etwa 22 Stunden und ist die ideale Einstimmung fürs dolce far niente, das süße Nichtstun. Um 19:05 Uhr geht es am Mailänder Hauptbahnhof los, von hier schlängelt sich der Zug von Nord- nach Süditalien. Auf dem Weg liegen unter anderem Traumziele wie Genua, Pisa und Florenz. Pünktlich zum Tagesanbruch erreicht der Zug bei Salerno wieder die Küste. Ein perfekter Ausblick für den ersten Cappuccino. An der Stiefelspitze Italiens, in Villa San Giovanni, sticht der Zug in See. In ihre Einzelteile zerlegt, wird die Bahn an Bord der Fähre gebracht und setzt nach Sizilien über. Unterwegs kann man Meeresluft schnuppern und einen Espresso trinken, bevor das Entlade- und Verkupplungsmanöver auf der Insel wieder los geht. Am Nachmittag erreicht man herrlich entschleunigt Palermo.

Einen Platz im Liegewagen gibt es ab ca. 55 Euro. Buchung unter: trenitalia.com

Es fährt ein Zug nach **nirgendwo**

Für viele junge Menschen bedeutet Interrail so viel wie Freiheit, Abenteuer und einen neuen Blick auf die Welt – unserem Autor hingegen brachte es kostenlose Fortbewegung in Deutschland ohne bekloppte Mitfahrgelegenheiten. Heute hat er sich dem Gestrüpp der Interrail-Tickets mit einem Trick entzogen, aber Sehnsucht empfindet er trotzdem wieder

TEXT **HANS ZIPPERT** ILLUSTRATION **P.M. HOFFMANN**

Als ich ein kleiner Junge war, fuhren meine Mutter und ich im Sommer regelmäßig zu Tante Margot nach Wittenborn bei Bad Segeberg. Es war eine Art Festival des Passivrauchens, wir mussten sehr oft umsteigen und in düsteren, verqualmten Wartesälen ausharren, bis der Anschlusszug nach Bad Oldesloe einfuhr und wir einen Platz im Raucherabteil einnehmen konnten. Damals gab es kaum Nichtraucher, die Reisenden qualmten aus Solidarität mit der Dampflok um die Wette. An Wochenenden wurde ich mit einem Schild mit der Aufschrift »Osnabrück – Tante Marta« um den Hals in einen Triebwagen verfrachtet und fuhr über Halle und Dissen-Bad Rothenfelde, von den Erwachsenen teils bewundert, teils bemitleidet bis zum Zielbahnhof, wo Onkel Walter auf mich wartete, um mich im Ford Taunus zu Tante Marta zu verfrachten. Irgendwann reiste ich überhaupt nicht mehr mit dem Zug, sondern nur noch per Anhalter. Eines Tages sammelte mich ein älterer Belgier an der Autobahn hinter Lüttich auf und versprach, mich nach Ostende zu chauffieren. Er verließ dann urplötzlich irgendwo die Schnellstraße, fuhr auf immer kleineren Straßen in immer menschenleerere Gegenden und ließ mich im belgischen Nichts aussteigen. Dabei schimpfte er lautstark, aber ich verstand nur das Wort »Nazi«. Ich weiß nicht, ob er mich für einen hielt oder bedauerte, dass ich keiner war, jedenfalls brauchte ich einen Tag, um endlich wieder eine Autobahnauffahrt zu erreichen. Falls er sich an einem Deutschen für erlittenes Unrecht rächen wollte, würde ich sagen, dass ihm das gelungen ist. Als sich sinistere Mitfahrgelegenheiten, wie die eben beschriebene, häuften, kaufte ich mir für 235 D-Mark ein Interrail-Ticket, mit dem man einen Monat auf Schienen durch Europa fahren konnte. In dem Land, in dem man das Ticket kaufte, hatte man allerdings die Hälfte des Fahrpreises zu zahlen, deshalb musste ich doch noch mal per an Anhalter nach Luxemburg, um auch in Deutschland kostenlos reisen zu können, Luxemburg hielt ich für verzichtbar. Dafür ging sehr viel Lebenszeit und -energie drauf.

An dieser Stelle schreiben unsere Kolumnistinnen und Kolumnisten in loser Folge über die Welt und wie sie ihnen begegnet. Für **Hans Zippert** *waren seine Interrail-Trips nicht zuletzt Reisen zu sich selbst – sie haben oft den Vorteil, dass man am Ziel nett empfangen wird.*

Ich beschäftigte mich damals intensiv mit den Werken von Raymond Roussel, einem exzentrischen französischen Schriftsteller, den die Surrealisten verehrten. Roussel ließ sich schon vor hundert Jahren ein großes Wohnmobil bauen und fuhr mit

zugezogenen Vorhängen durch Europa, damit seine Vorstellungskraft nicht durch den banalen Augenschein beeinträchtigt wurde. Ich wollte es ihm gleichtun und bei geschlossenen Vorhängen von Bielefeld nach Hammerfest und von Hammerfest nach Lissabon fahren. Leider behinderten ignorante Mitreisende mein ambitioniertes Vorhaben. Selbst in französischen Zügen traf ich niemanden, der von Raymond Roussel und seinen Reisegewohnheiten gehört hätte, und so sah ich widerwillig sehr viel mehr von Europa, als ich geplant hatte. Ich muss ein Rückgrat aus Stahl gehabt haben, denn ich übernachtete auch im Zug, und nur selten ging das im Liegen. Weil ich kein Pappschild mehr um den Hals trug, kam ich weder nach Hammerfest, noch nach Lissabon, dafür aber mehrmals nach Altenbeken, das damals über eine fantastische Bahnhofsrestauration verfügte. Das Interrail-Ticket hat in mir nicht den Wunsch nach einem großen vereinten Europa wachsen lassen, sondern nach einem eigenen Auto, das ich mir kurz nach meiner Rückkehr aus Altenbeken kaufte, einen Ford 12m Turnier mit Lenkradschaltung und durchgehender Sitzbank vorne. Daran war sicher die Prägung durch den Osnabrücker Onkel schuld. Der Wagen sprang nur sehr selten an. Meist stand er nur auf dem Hof, aber er sah auch im Stehen sehr gut aus.

Seit einigen Jahren bin ich Besitzer einer Bahncard 100, eines Interrail-Tickets nur für Deutschland. Damit kann man sehr viele Züge, Bahnen und Busse benutzen, aber nicht alle, das wäre zu einfach, solche Regelungen gibt es bei der Bahn nicht, da muss es immer etwas komplizierter sein. Denken wir nur an die sich ständig verändernde Wagenreihung, die nur im Ausnahmefall funktionierenden Reservierungsanzeigen und den mysteriösen »vorausfahrenden Zug«, der alle anderen ausbremst, in dem man aber niemals selber sitzt. Einmal bin ich auch nach Wittenborn zu Tante Margot gefahren. Als ich in Bad Segeberg in den 750er Bus stieg und die Bahncard 100 vorzeigte, hielt der Fahrer meine Hand fest, studierte intensiv das Dokument und sagte ergriffen: »Sowas sehn wir hier oben nur ganz selten.« Die anderen Fahrgäste hatten sich bereits um mich versammelt, um auch einen Blick auf die seltene Karte zu werfen. Wäre ich mit einer blauen Mauritius gereist, hätte ich weniger Aufsehen erregt.

Das Interrail-Ticket ist inzwischen zu einer regelrechten Wissenschaft geworden, es gibt einen Global Pass und verschiedene One-Country-Pässe – je nach Pass und Präferenz darf man damit vier Tage in einem Monat fahren oder zehn Tage in zwei Monaten oder drei Monate lang jeden Tag, nur um mal eine Auswahl aus dem verwirrenden Menü der Optionen aufzuzeigen. Für entscheidungsschwache Menschen wie mich ist das überhaupt nichts. Ich wünsche mir, dass es zu der Bahncard 100 ein Pappschild zum Umhängen gäbe, auf das ein dafür ausgebildeter Bahnangestellter ein beliebiges Fahrtziel schreibt und mich dann in den dazu passenden Zug setzt. ■

MERIAN

ERSCHEINT IM

JAHRES ZEITEN VERLAG

EIN UNTERNEHMEN DER **GANSKE VERLAGSGRUPPE**

Chefredakteur	Hansjörg Falz
Stellvertretende Chefredakteurin	Tinka Dippel
Art Direction	Isa Johannsen
Chefin vom Dienst	Jasmin Wolf
Redaktion	Antonia Aust, Kalle Harberg, Jonas Morgenthaler, Stefanie Plarre, Silvia Tyburski; Mitarbeit: Cassandra Emami, Ole Heiland, Christine Kemenah, Franz Lenze, Kathrin Sander (Podcast), Inka Schmeling (Podcast), Gabriele Thal, Burkhard Maria Zimmermann
Bildredaktion	Violetta Bismor, Tanja Foley, Katharina Oesten (Leitung)
Layout	Inke Cron, Lena Glauche (stellv. AD, in Elternzeit), Tanja Schmidt
Redaktionsmanagement	Bodo Drazba (Ltg.)
www.merian.de	Mila Krull
Kaufmännische Assistenz	Anne Dreßel
Konzeption dieser Ausgabe	Burkhard Maria Zimmermann (Text), Tanja Foley (Bild)
Autoren	Kristine Bilkau, Dennis Gastmann, Finn-Ole Heinrich, Nils Minkmar Thomas Pletzinger, Till Raether, Saša Stanišić, Ilija Trojanow, Hans Zippert
Verantwortlich für den red. Inhalt	Hansjörg Falz

Geschäftsführung	Thomas Ganske, Sebastian Ganske, Susan Molzow (CEO), Peter Rensmann, Arne Bergmann
Publishing Director	Oliver Voß
Head of Creation	Kolja Kahle
Head of Production & Development	Bartosz Plaksa
Gesamtvertriebsleitung	Stefan Hagel (Zeitschriftenhandel), Thomas Voigtländer (Buchhandel)
Abovertriebsleitung	Christa Balcke
Leitung Leserreisen	Oliver Voß
Geschäftsführung Sales und Content Solutions	Arne Bergmann (verantwortlich für Anzeigen)
Senior Brand Manager	Henning Meyer, Tel. 040 2717-2496
Anzeigenstruktur	Corinna Plambeck-Rose, Tel. 040 2717-2237
Marketing Consultant	Alexander Grzegorzewski
Ihre Ansprechpartner vor Ort:	
Region Nord	Jörg Slama, Tel. +49 40 22859 2992, joerg.slama@jalag.de
Region West / Mitte	Michael Thiemann, Tel. +49 40 22859 2996, michael.thiemann@jalag.de
Region Südwest	Marco Janssen, Tel. +49 40 22859 2997, marco.janssen@jalag.de
Region Süd	Jonas Binder, Tel. +49 40 22859 2993, jonas.binder@jalag.de
Repräsentanzen Ausland:	
Belgien/Niederlande/Luxemburg	Mediawire International, Tel. +31 651 48 01 08, info@mediawire.nl
Frankreich/Monaco	Media Embassy International, Tel. +33 (0)6 03 92 09 15, info@media-embassy.fr
Großbritannien/Irland	Mercury Publicity Ltd., Tel. +44 7798 665 395, stefanie@mercury-publicity.com
Italien	Media & Service International Srl, Tel. +39 02 48 00 61 93, info@it-mediaservice.com
Österreich	Michael Thiemann, Tel. +49 40 22859 2996, michael.thiemann@jalag.de
Schweiz/Liechtenstein	Goldbach Publishing AG, Tel. +41 (0) 76 468 83 13, eva.favre@goldbach.com
Skandinavien	International Media Sales, Tel. +47 9222 0650, fgisdahl@mediasales.no
Spanien/Portugal	The International Media House, Tel. +34 91 7023484, administracion@theinternationalmediahouse.com

Die Premium Magazin Gruppe im Jahreszeiten Verlag
Gültige Anzeigenpreisliste: Nr. 10
Heft 10/2022 – Die schönsten Zugreisen der Welt. Erstverkaufstag dieser Ausgabe ist der 29.09.2022. Redaktionsschluss: 29.08.2022
MERIAN erscheint monatlich im Jahreszeiten Verlag GmbH, Harvestehuder Weg 42, 20149 Hamburg, Tel. 040 2717-0
Redaktion Tel. 040 2717-2600, E-Mail: redaktion@merian.de Internet www.merian.de
Abonnementvertrieb und Abonnentenbetreuung DPV Deutscher Pressevertrieb GmbH, Tel. 040 2103-1371, Fax -1372, www.dpv.de, E-Mail: leserservice-jalag@dpv.de
Merian (USPS no 11458) is published monthly by JAHRESZEITEN-VERLAG GMBH. Known Office of Publication: Data Media (A division of Cover-All Computer Services Corp.), 2221 Kenmore Avenue, Suite 106, Buffalo, NY 14207-1306. Periodicals postage is paid at Buffalo, NY 14205. Postmaster: Send address changes to Merian, Data Media, P.O. Box 155, Buffalo. NY 14205-0155, E-Mail: service@roltek.com, Toll free: 1-877-776-5835
Vertrieb DPV Vertriebsservice GmbH, www.dpv-vertriebsservice.de
Postproduction K+R Medien GmbH, Darmstadt
Druck und Verarbeitung Walstead Kraków Sp. z o.o., Obrońców Modlina 11, 30-733 Krakau, Polen

Jahresabonnementspreis im Inland 118,80 €, für Studenten 59,40 € (inklusive Zustellung frei Haus). Der Bezugspreis enthält 7 % Mehrwertsteuer. Auslandspreise auf Nachfrage. Führen in Lesemappen nur mit Genehmigung des Verlages. Printed in Germany, ISBN 978-3-8342-3368-4, ISSN 0026-0029, MERIAN (USPS No. 011-458) is published monthly by JAHRESZEITEN VERLAG GMBH.

Bildagentur Image Professionals GmbH Tumblingerstr. 32, 80337 München, www.imageprofessionals.com

Wir bedanken uns für die Zusammenarbeit bei Lernidee Erlebnisreisen GmbH, Berlin.

Weitere Titel der JAHRESZEITEN VERLAG GmbH A&W ARCHITEKTUR & WOHNEN, DER FEINSCHMECKER, FOODIE, LAFER, MERIAN SCOUT, POLETTO, ROBB REPORT

Hinter Irlands Klippen liegen mitunter herrliche Strände – so wie an der Causeway Coast

Ob als Smoothie, Pesto oder pur: Seetang ist Irlands neues Trendfood

Auf den Straßen von Belfast wird getanzt, auch wenn die Stadt bis heute geteilt ist

Ganz lässig über die Liffey: Im Kajak erlebt man eine ganz neue Seite Dublins

FOTOS: CHRISTINA KÖRTE (2), ISABELA PACINI (2)

Irland

ECHTES NATURTALENT Der Wild Atlantic Way ist eine Straße ins Glück

HAUPTSTADT MIT HERZ Dublin ist leicht verrückt und total liebenswert

SHANNON AHOI! Mit dem Hausboot Irlands mächtigen Strom entdecken

GROSSES WUNDER Trotz aller Mauern erfindet Belfast sich gerade neu

Zuletzt erschienen:

Mai 2022

Juni 2022

Juli 2022

August 2022

September 2022

In Vorbereitung:
Monaco und die Côte d'Azur
MERIAN wird 75
Würzburg

Haben Sie eine MERIAN-Ausgabe verpasst?
Bestellservice: Tel. (040) 2717-1110
E-Mail: sonderversand@jalag.de
oder online bestellen unter merian.de
oder einzelheftbestellung.de
Abo bestellen:
Tel. (040) 21031371
E-Mail: leserservice-jalag@dpv.de
oder online unter shop.jalag.de